キミは何のために勉強するのか

試験勉強という名の知的冒険2

富田一彦

大和書房

なぜ私は今語ろうとしていることを語るのか。
——序にかえて

私が予備校の講師という職業に流れ着いてから、かれこれもう三十年になろうとしている。その当時から、そして今でも変わらないのだが、大学受験、そしてそのための受験勉強は極めて評判が悪い。もちろん私自身もそういう職業なので、誰かから特別尊敬されたという記憶はない。今でこそ我々が学校の先生に「指導法」を伝授するなどという業務も行っているが、その当時は我々受験業界の者は、ほとんどの場合学校教育から邪道扱いを受けたものである。

まあ考えてみればそれも無理からぬことだ。それこそ生徒たちは学校の授業より予備校の授業の方がわかりやすい、と感じることが多く、勉強は塾や予備校でする、と豪語する子どもたちもいたほどだ。学校の先生にしてみれば、面白かろうはずはない。

ただ、学校の先生は別に教えるのが下手でも失業することはないが、我々は日雇い労働者のようなものだから、生徒の支持を得られなければあっという間に失業である。だからいやでも教え方を研究することになり、結果授業の上手い人間だけが生き残っていく。

血も涙もない受験業界？

こう書くと、我々の業界が血も涙もない競争の世界のように感じる人があるかもしれないが、私自身は、誰かと競う、という意識を持ったことはなく、特に「生き残りたい」と願ったわけでもない。妙な話だが、この仕事を始めてから今に至るまで、仕事に未練というものを感じたことはあまりない。もちろん、職を失えば明日から路頭に迷うのだが、自分でも不思議なほど仕事と生活防衛の間に意識のつながりはない。私より授業がうまくて生徒に支持される教師が出てくれば、それは全体の幸福につながることだから、べつにやっかむ理由もない。それどころか、私はほかの教師たちがどのような授業をするのか、特に同僚については全く知らない（仕事で、高校の先生の授業を観察・評価するのは別の話である）。というより興味が全くないのだ。だから他の教師に対抗意識を持つ、などということも一度もなかった。

私にはただ、才能がないわけではないのに、それを生かすきっかけを得られずにもがいている生徒たちに何を与えればいいか見える（気がする、だけかも）だけなのだ。だから、それを、拷問のような知識の詰め込みをせずに彼らに与えたい、と願って仕事をしてきたまでである。

敗残兵と事なかれ主義

あまり得意分野ではないのだが、少し昔話をしよう。私がはじめて英語の講師をした高校は、今ではそこそこの進学校になっているらしいが、その当時はお世辞にも優秀とはいえない学校であった。

こういう学校の生徒の問題点は、高校受験の敗残兵の集まりだということである。ほとんどが滑り止めとしてその学校を受け、第一志望に脆くも落ちた結果入学した子どもたちだ。そういう学校の生徒たちの特徴は、無気力と愛校心の欠如である。なにしろ望んで入った学校ではない。しかも学力とは無関係に子どもたちは情報通だから、その学校の世間での評価をいやというほど聞かされている。だから、最初から学校に対して、つまり我々教師に対してきわめて懐疑的である。しかも自分の能力を評価していないから、何をやっても無駄だという虚無感が校内に蔓延している。当然学校行事なども盛んではなく、一部の有力な体育系のクラブを除けば、部活動も沈滞していた。まあ、典型的な二流校、というわけだ。

そういう生徒たちを相手にする教師の側も、好人物ではあるがどこか根本のところで生徒に対する不信感を抱いているのは明白だった。だから校則は無駄に厳しく、外形的なところばかり妙に生徒に厳しく当たるのに、いざ本当に留年だ退学だの危機となると、途端に生徒に甘くなって何でも許してしまう、典型的な事なかれ主義であった。

このような場面設定をすると、そういう生徒たちに心情的に寄り添い、励まし続けることによって生徒を勇気づけ立ち直らせる熱血教師が出てくる安手の青春ドラマを期待する向きがあるかもしれないが、残念ながらそういうことにはならない。

希望は意欲の母

私は別に生徒たちに同情はしなかった。ただ、私はそういう生徒たちの「敗北した過去」を問題にしなかっただけである。

英語は実にシンプルで理解しやすい言語だ。コンパクトで統一性の高いルールを持ち、しかもそれは五歳の子どもでもコントロールできる。いつどういう状況から勉強を始めようと、正しく勉強すればそうひどく苦労せずともできるようになる。私はそれを彼らに通じる言葉で話しただけである。

もちろんそれなりにプレッシャーもかけた（どのようなプレッシャーをかけたのかは、本書の別の場所に書いてある。お楽しみに）。だがプレッシャーをかける代わり、それを乗り越えれば私の与える教材を超えて、どの英語にもうまく向かい合うことができる。それを実感できるようになった時、私が何もしなくても生徒たちは（もちろん全員ではない）変わった。そう、自分にもできるかもしれないと思えば、放っておいても意欲のある生徒は勉強する。勉強とはそうしたものだ。そして勉強した生徒は、単に英語の能力だけでなくいろいろな意味で成長していく。

この時の生徒たちだけでなく、世の中には不器用な生徒がたくさんいる。いや、「普通の生徒」＝「不器用な生徒」と言ってもいい。問題は、そういう生徒に響くような教育が学校教育の現場ではほとんど行われていない、ということだ。英語一つとっても、まともに文法も教えず、ただ出てくる表現を場当たり的に覚えさせせるだけ、という芸のない教え方がいまだに主流である。むしろ最近の愚かしき世論のせいで、この傾向はむしろひどくなっているとさえ言える。

目をそらせない現実

もちろんどんなに愚かな指導をしても、できるようになる生徒は出てくる。前作『試験勉強という名の知的冒険』でも書いたように、人間の脳には、無意識のうちに出会ったものを抽象化して共通点を抜き出そうとする性質があり、その性質がたまたまうまく機能した分野は得意になるのだ。だから、どんな教え方をしても一部の生徒はできるようになる。

そのせいかあらぬか、自分が教育という仕事に携わるまでは、教え方の下手な教師に出会うたび、呆れこそすれ、それが特に有害だという認識はなかった。何しろそういう人からくる情報はシャットアウトしてしまえば自分には被害は及ばないからだ。だが、こういう職業についてみると、そのことがどれほど重大な影響を世の中に与えているのかに気づいて慄然《りつぜん》とした。自分のことを棚に上げて言うならば、世の中には、教えるのが下手な教師が多すぎる。

教師は一日にしてならず

教師は子どもに自信を持たせるべきだ、と言う。子どもに信頼される大人であるべきだ、とも言う。そりゃそうだ。だが、どうすれば子どもに自信を与えられ、子どもに信頼される大人になれるのか。赤の他人にすぎない教師がそうできるチャンスがあるとすれば、それは「わかるように教える」ことに尽きる。そのための技能を磨くことが、一人前の教師になるには最低限求められる。寿司屋の板前も一人前になるのに十年かかるという。おいしい寿司を握るのも世の中にとって重要な仕事だが、理解力のある若者を育てることが、それに比べて重要度が低いとは私には思えない。

だが、今教師ほど簡単になれる職業はない、と言っていい。公立学校の教師になるための試験は高倍率で難関だそうだ。しかし、そんなことは関係ない。一人前の教師になるには、仕事を始めてから教える対象である生徒を含む周囲の視線に囲まれ、その中で自らに恥じない指導力を開発していく必要がある。だが、今の教育界にはそのようなシステムはないようだ。形ばかりの免許の更新制でお茶を濁したところでそれはただの言いわけでしかない。

では教師を育てるにはどうすればいいのか。それは、教師本人も含め、教育にかかわるそれぞれの人が、それぞれの立場から教育内容と教師の資質に常に厳しい批判の目を向け続けることである。教師の問題を解決せずして、やれ受験が悪いだの教育制度が悪いだのと外形的なところに対する揚げ足を取ってみたところで、それはむしろ善良なる教師たちの意欲をそぐだけで、粗悪教師の思うつぼでしかない。

そういう教育に関する無意味な誤解を解き、教育のあり方をより正しい方向で議論してもらう契機にしたい、というのが、私がこのような本を書こうと思った原初的な動機である。生徒ばかりが被害者であり続け、それが次の加害者を生んでいく、という今の構造を根底から変えたい、口幅《くちはば》ったいようだが、そういう願いが私の中には確かにある。

正直に現実と向かい合うこと

こういうことを書くと、「生徒に媚《こ》びている」と言われたりするが、少なくとも私は、生徒に媚びたことはこれまでもこれからもないはずだ。私には、少なくとも英語に関する限り、生徒が最低限何を身につけなくてはならないかがわかっている。その点について妥協するつもりは全くない。この点だけは、こちらが生徒に合わせるのではなく、生徒がわたしのスタンダードに合わせてもらう他はない。

もちろんそれは生徒自身が「やる」と決断していれば、の話だ。私は生徒を子ども扱いするつもりはない。本人がやる気がないのであれば、何も私の授業を受け、その指示に従って勉強する必要はない。英語を勉強する本来の目的は、多くの人の思っていることと異なるが、たとえそうであれ、そういう勉強をするかしないかはすべて本人の意思次第である。

たとえそれが「入学試験に出るから仕方なく」であっても、その入学試験を受けること自体が本人の意思なのだから同じことである。実際に私の教える生徒は大学受験生がほとんどだが、たとえば中学生でも私の考えは変わらない。教わりたくない、という人に私は語るべき言葉を持たないのだ。

だが、意欲があるのに、無駄だらけで効果のない指導を受けた結果その意欲さえ失っていくようなことだけは、私はしない。生徒自身が「やる」と決意したのであれば、そして必要な義務を果たすのであれば、その学力を伸ばすのに必要な指導はきちんと果たす。それが私の仕事だからである。

私は生徒に言っておきたい。正直に現実を見よ。勉強というのは苦労多きものだ。今できないことを「できる」ようになるには、今のままではいけないことだけは明らかだからだ。それを覚悟できないなら、勉強はできない。だが、その苦労は「無意味な苦労」であってはならない。かけた労力がいずれは報われるようなものでないなら、そんな苦労はするだけ無駄である。だから、本当にする価値のある苦労とそうでない苦労とを見分ける目を持ってほしい。

そして、無意味な苦労にはクレームをつけ、価値ある苦労には進んで参加すべきだ。耳触りのいいことが真実とは限らない。いや、未熟な若者にとって耳触りのいい言葉はほとんどの場合真実ではない。世の中はそんなにあなただけに都合よくできてはいない。耳に痛いことも、厳しい言葉も、それが真実なら受け止めなくてはならない。だが、不当な要求には敢然と戦うべきだ。だからこそ、何が正当で何が不当か、それを見分ける目を養うこと自体が勉強の一部である。

親御に対しても、私の態度は同じだ。私があなたに求めるのは、ただ「正直であること」だけだ。親とはいえ、自分以外の人間の将来に関与できる能力のある者はいない。それどころか、何が本当に「幸せ」なのか、それさえわからない。子どもが思春期を迎えたなら、そういう自分を正直にさらけ出すことが、子どもの成長を促すのだ。

子どもに対して見栄を張っても仕方がない。だってそうでしょう、お母さん。あなたはいずれボケて、娘におしめを替えてもらったり、息子に徘徊先に迎えに来てもらったりするかもしれないのだ。だからこそ今から知っておくべきだ。あなたがいくら自分の子ども「だけ」を有利にしようとしても、子ども本人が笛吹けど踊らずであることを含めて、決してあなたの思い通りにはならない。

だが、どのような教育機関に子どもの教育を任せるにしても、その内容が本来あるべき道筋から外れたなら、それには正しく抗議しなくてはならない。自分の子どもだけのためにモンスターペアレントと化すのは論外だが、学校に対して正当なことははっきりものを申すくらいにはモンスターであるべきだ。

教師に対しても、あるいは試験を課す側の人々に対しても、同じことを求める。どんな教科であれ、必ず押さえなければならないボトムラインは存在する。あなたはそれを教えているか。それを問うているか。問題数のつじつまを合わせるために、無意味な問題を作成したり、体系的に教えるだけの技量がないために、ただ現象だけを並べ立てたりしていないか。教えていることに、問いかけていることに、ちゃんと必然性と再現性はあるのか。私自身絶えず自問自答していることの問いを、同じ職を持つすべての人に分かち合ってもらいたい。

そして、世間一般にも問いかけたい。あなたは本当に、受験や受験勉強が悪者だと信じているのか。だとすれば、その根拠は何か。本当に悪者だと思っているなら、自分が当事者になった時に、なぜそれを拒否しないのか。なぜ子どもが碌《ろく》に自分の名前も書けないころから、試験を受けさせようとするのか。試験のない世界が本当にバラ色だと思っているのか。自分の命を預ける専門職の人々が、その職にふさわしい技量を備えていることを、試験をやらずにどうやって担保するのか。

試験は必要なもの

はじめにはっきり申し上げておくと、私は試験は必要だと考える。必要悪ではない。必要なものだと。もちろん、「どんな試験でも」必要だと言っているのではない。試験をする以上、その試験が受ける価値のあるものであることは絶対に必要である。その試験に合格するために勉強することが、その受験者を人間として（便利な言葉だ）成長させるものであることは必要である。そして実際には、そういう「正しい」試験が多くの学校で行われていることは、前作『試験勉強という名の知的冒険』の中で証明してきた通りだ。

もちろん、そういう理念にそぐわない教育も試験も確かに存在する。だがそういうものは個別に批判していくべきで、受験勉強は知識の詰め込みだ、というような乱暴な議論は、現状を憂えるふりをして商売するのを喜ぶマスメディアの飯のタネにすぎないことを知ってほしい。

私としては、現状の問題点も指摘しながら、何を子どものよりよい自己形成の契機として利用するかを提示し、受験、あるいはより広い意味での勉強ということに関して、現実的な、しかも正しい理念を持った筋道を示すことで、読者各位がそれぞれの立場からより良い道を模索してもらいたい、と切に希望する。

それと同時に、試験を受ける人も受けさせる人も実施する人も、それぞれの立場から自分の行動に信念と自信を持ってもらいたい、と願っている。正しい道筋に乗って行えば、試験勉強は決して無駄骨でも子どもをダメにする行動でもない。そのことを、これからの話を通じてわかってもらいたいのである。

本書は、一冊で受験にかかわるすべての人を対象にしている。具体的には、受験者（つまり子ども）、親御、教師そして作問者、最後に世間一般の人々である。もちろんそれは主に、それぞれの人向けに一冊ずつ本を書くなどという贅沢が許されないというよんどころのない事情によるものであるが、むしろ自分とは異なる立場の人に向けられた言葉も読んでいただくことで、受験、試験勉強というもののあるべき姿を多面的にとらえてもらいたい、と願う私の考えのゆえであると思っていただきたい。

もくじ

キミは何のために勉強するのか

なぜ私は今語ろうとしていることを語るのか。——序にかえて　1

血も涙もない受験業界?／敗残兵と事なかれ主義／希望は意欲の母／目をそらせない現実／教師は一日にしてならず／正直に現実と向かい合うこと／試験は必要なもの

第一章

学習者への言葉　18

勉強を始め、続けるのに必要なもの／勉強は初めが一番つらい／カモになりやすい学生／耐えるか耐えないか、それが問題だ／インチキから身を守れ／「絶対」に潜む罠／「ビジョン」の重要性／相手を知るには不意をつけ／質問は自分を映す鏡／出たな妖怪／業界の実態／批判するほど実は知らない／賢い悪人と善意の愚者／ロッキード事件の不思議／授業は疑いを持って聞く／Mr.&Missコピペ／勉強は過去を思い出すことではない／見えるのはまぶたの裏の静脈だけ／学生が抱きやすい妄想／「頭がいい」神話／自己不信のもたらすもの／ストライクゾーンを広くとれ／誰がワインを発明したのか／疑いと拒否は違う／修飾語はかかるところにかかる?／オール5の娘の秘密／「いい子」に不幸が訪れるとき／あなたは頑固で狭量である／言葉の意味は前から決まるのか／まずは自覚せよ／嘘も方便／息子の選択／したたかに戦え／まず「自分を信じる」ことから始めよ／若い人は批判されて当然だ／修業時代を無為に過ごしてしまう娘たち／なぜ批判するのか／やる気は本人の問題／正しい方針+自己責任／原動力は……／秀吉の怨念?／今の自分と違う自分を／親と言えど本人と言えど待つしかない

よう／息子に聞いてみた／親の言葉が子どもの自信の源／母の思い出／中学までは放っておけ／小学校ではベストは選べない／私学の恐れるパンドラの箱／私はどうやったか／ある朝駅前の交番から／中学生になったら意思確認を／小学生ではわからない／先物買いのリスク／小学生の基本は「読み・書き・そろばん」／中学受験という選択／進学校の秘密／早生まれは有利？／少しの背伸びが子どもを育てる／入学試験はセーフネット／中学受験のリスク／メダカの学校／現状肯定は危険な誘惑／だってビジネスだもの／東京六大学の謎／進学率はブランドイメージの鍵／中高一貫の罠／生徒は兵隊／勉強をさせすぎる⁉／一流校の余裕？／公立中学が教えてくれること／禍福はあざなえる縄のごとし？／大学は日本中にある／若者に翼を／自我の目覚め／高校に進むことは自明ではない／職業がアイデンティティにならない現実／ニューヨークの朝が教えてくれた／なぜ日本人か／我々にある選択肢／ワンノブゼム、かつオンリーワン／子育ては子どもからの自立／もはや子どもではない／本当の顧客は誰だ？／モンスターの行き着く果て／東大の見識／「ママー」と叫ぶ講師？／親の自覚／あえて子どもたちへ／再び親たちへ

第四章
一般の人々への言葉

責任はすべての人に／もてあそばれる英語教育談義／英語は実用的、という幻想／小学校では英語はいらない／中学校での英語教育の意味／知的訓練の素材としての英語の価値／自分を捨てるという知的作業／自分のやっていることはわからない／的外れな英語教育批判／理念と現実の狭間／実はある数学の危機／正しく理念に帰ろう／理念と乖離した教育の現実／見当違いな教育内容と見当違いな批判／文法はコンパクトで単純だ／何を教えるかは

第一章
学習者への言葉

勉強を始め、続けるのに必要なもの

試験を目指す勉強は「知識→観察力→判断力」という時系列的な流れを持つ。勉強の各段階の中身については前作『試験勉強という名の知的冒険』に詳しいので、ここであえて繰り返すことはしない。ここで私が学習者に語りたいのは、学習の内容面・技術面ではなく、それを支える精神のあり方、指導者との付き合い方、といったものである。もちろん、話の中には前作で語った具体論もそこここに顔を出すので、できればそちらも併読してほしい。

勉強は初めが一番つらい

試験勉強の三つの段階の中で、最も長くて精神的に辛いパートが「知識」の養成である。つまり最初が一番へこたれやすいのだ。英語の受験勉強でも、この部分での落伍者が最も数が多い。

試験勉強は、いってみれば山登りに似ている。山登りは実は最初が一番辛い。特に日本では、たいていの山はふもとが森林に覆われているため、最初は森の中の坂道を登ることがほとんどの登山の始まりである。ところが、何しろ森の中なので、周りが何も見えない。自分がどれくらい進んだのか、残りはどのくらいなのか。登った先に何があるのか。そういうことが何も見えないのだ。

試験勉強も同じである。最初の段階、つまり「知識」を身につけているときには、まだ自分の学習の全体像は見えない。どれだけ理解し、記憶すればいいのか。理解して何の意味があるのか。これを続ければ本当に成果が出るのか。当然学習者としてはそれを一刻も早く知りたいはずだが、この段階ではそれは無理である。だが、正しい道を登っていれば、やがて登山道は山の稜線《りょうせん》に出る。いったん稜線に出てしまうし、自分がこれまで歩いてきた道が見え、眼下に広がる風景が見え、そして征服すべき頂《いただき》も望むことができる。

勉強も同じである。正しく知識を身につけ、そこから観察力を引き出す勉強に移れば、自分がこれまでやってきたことの全体像が見え、目指すべきものが何であるかも明確になる。

カモになりやすい学生

問題は、そこまで我慢できるか、である。私のこれまでの経験では、残念ながら、必ずしも全員が我慢できるわけではない。無理からぬことと思うが、学生はチキンハートである。いつもおびえているから、少しでも早く結果を出して安心したいのだ。簡単に言えば、すぐにもテストの点数を上げたいのである。

もちろん、それは無理な相談だ。科目によって程度に差こそあれ、勉強というものは知識の全体像が見えて初めて点数に反映するようになるものだからだ。だからこその我慢、なのである。ところが、すべての学生が我慢を維持できるだけの胆力を備えているわけではない。我慢のできない学生は、少しでもすぐに点数を上げる方法はないかと考えてしまう。そこへ、我々の同業者の魔の手が忍び寄るのだ。彼らは甘い言葉で弱い学生を誘惑する。その業者だけが「知って」いる「うまい」やり方をすれば、「苦労しないで」見違えるように成績が上がる、と耳元でささやくのだ。

はっきり断言しておくが、そんなおいしいやり方は断じてない。その点で、神様は公平である（誤解のないように。私は無神論者だ）。「正しい方向」に向かっているということが大前提だが、そのうえで必要な労力をかけた者が報われる確率が高い。もちろん、あくまでも確率の問題だが。因みに、怪しい業者が勧める方法に従って成果が出なかった場合、業者は責任を感じて謝罪するか、というとそんなことは全くない。同じ業界にいてこんなことを言うのもなんだが、教育業界のおいしい点は、実際のところこちらの提供したサービスと合格という結果との間に何の論理的関係性も証明できない、ということにある。

その点政治家と同じだ。政治家は、たとえば自分の政策が失敗しても、謝罪する責任は感じない。うまくいかなかったのは「野党のせいだ」「国民の無理解のせいだ」「世界情勢の変化のせいだ」などといくらでも言い逃れができるからである。我々の業界もそうで、うまくいかなかったときには「本人の努力が足りなかった」「我々の言うことを理解してくれなかった」など、いくらでも言い逃れができる。そして万が一うまくいくと「我々の方法の正しさが証明された」とやるのである。自分で言うのもなんだが、政治家や教育者はそのくらい厚顔無恥でないとやっていけない。

耐えるか耐えないか、それが問題だ

だが一方で、ただ我慢をしてさえいればいいかというとそれも違う。すでに何度も述べてきたように、勉強の方向が正しく向いていない状態で我慢をするのは、何の意味もないやせ我慢である。すると何より大切なのは、その見極めだ、ということになる。

知識のない者は、誰かがすでに持つ知識を受け取る（これが、単なるコピー&ペーストとは異なることは前作で繰り返し述べた）必要があるが、そのためには、その「誰か」を選ばなくてはならない。何しろ「知識」のない状態で「誰の知識がいいか」を選ぶのだからこれはなかなか難しい。味見をせずにワインを選ぶようなものだからだ。しかもワインと同じように、全員に同じものが同じように口に合う、とも限らない。

もちろん中にはほとんどワインとは言えないような粗悪品もあるだろう。ワインなら、粗悪品は短期間で淘汰されて市場から消えていくが、残念ながら教育業界はワインほどには淘汰がうまく機能しているとは言えない。教育業界にもしばしば「インチキ」が現れる。そういうところは結局学生たちが成果を出せない確率が高すぎるため、そう遠からず評判が悪化するが、そうすると看板をかけ替えて、つまり名称を変えてまたぞろ同じようなことを始める。こういう手合いを完全に淘汰するのは難しい。何しろすでに述べたようにいくらでも言い訳と責任転嫁ができるのが、教育業界の「おいしい点」だからである。その意味では霊感商法などより始末が悪いかもしれない。

インチキから身を守れ

では、そういう「インチキ」からどうやって身を守るか。一言で言ってしまえば、「見る目を養え」ということである。そう、身も蓋もないが、それが最も必要なことだ。すると当然こう問われる。「どうやれば見る目が身につくんですか?」。もし、ここで私にそういう質問をする読者がいたら、私はため息をついて、前作『試験勉強という名の知的冒険』をはじめから読み直しましょうね、と言うだろう。

そう。もちろん「見る目」という誰もが手に入るアプリケーションがその辺に転がっていて、アンドロイドマーケットやアップストアで売っている、というわけにはいかないのだ。そういう能力は、自分で苦労して養う必要がある。ただ、何のガイドラインもないわけではない。

それは何か?　本音を言うと、それをあまりここに書きたくはない。書いてしまえば、インチキ業者はそれを利用して一層巧みに自分のインチキを隠すからである。皮肉な話だが、インチキな連中の多くは賢いのだ。その賢さをもっとましな方向に使えば、とは思うが、賢いことは間違いない。だが、彼らはその賢さを自己の利益追求のためにしか使っていないので、あなたがそれにかかわると、カモにされてしまうだけなのである。

でも、やはり読んでいる側としては、それなりのヒントはほしいだろうとは思う。そこで、この件に関して「見る目」を得るための二つのポイントを提示しておこう。

一つは、相手の言葉に注意することである。次のようなことをする業者は信用しない方が賢明だろう。「絶対に、のような言葉を多用して、自分のところが完全であるかのように装う」。「具体的なビジョンを示さない」。「他を批判する」。

「絶対」に潜む罠

前作で何回も述べてきたように、試験の合格に「絶対」はない。特に「観察力」はどれほど事前に準備していても、本番で必要なことに気づくことを事前に保証することはできない。当たり前だが、だからこそ試験というものは、どんなものであれ、ある程度は博打《ばくち》なのだ。どんなに自信のある学生でも、発表前には不安になるのは、本当に自分の観察が正しかったかどうかが、本人でさえ見極め難いからである。

教育業界に身を置く者は、そのことを十分わかっているはずだ。だから「絶対に」とか「必ず」という言葉は使えるはずがないのである。それをあえて強く使う、ということは、実現できないことを承知で言っている可能性が高い。もし実現できないことを承知で言っているなら、それは「嘘」であり、学生に最初から「嘘」をつくような業者とはかかわってはいけない。もしその業者が実現できないことを承知せずに言っているとしたら、その業者は「愚か」であり、「愚か」な者の指導を受けるべきではない。というわけで、相手に悪意があるにせよ、善意にすぎないにせよ、「必ず」と請け合う業者とは付き合わない方が賢明である。

もちろんこのことを業者の、それも経営者の立場から考えると、その気持ちはわからないわけではない。何しろ消費者は気まぐれである。しかも我々の業界にアプローチしてくる消費者は、「確実に成果をあげられるところ」を探す傾向にある。失礼ながら、多くの消費者はあまり消費者として賢いとは言えないのだ。すでに語ったように「確実」はありえない。でもそれを求めるのだ。特に親御がいけない。子を思う気持ちはわかるが、そのせいで前のめりになりすぎ、ひいきの引き倒しになっている場合がまま見られる。場合によっては、我々の目から見ても「それはないだろう」と思う愚かな選択をする消費者もいる。そういう時、彼らはほぼ間違いなく「必ず」という言葉に惑わされている。そうすると、ほかの業者も対抗上そういう言葉を使わざるを得なくなるのだ。

私が禄《ろく》を食《は》んでいる某大手予備校でも、私が春休みの授業で「私の授業を受けても、受かる人も落ちる人もいます。それが現実です」というだけで、経営者は渋い顔をする。もちろん彼らの気持ちはわかる。私だって、一人でも多くの生徒に自分の授業を聞いてほしい、というのがビジネス的な利益を抜きにしても本当の本音だ。

だが、だからこそ、経営者に（そして消費者にも）言いたい。「正直が最良の策だよ」と。教育業界には業者にも消費者にも、言い方は失礼だが「見る目のない」方々がたくさんいる。こちらに見る目がないと、結局見る目のない消費者ばかりが集まってきてしまい、結果的に成果をあげてもらえないため、こちらの評判までが低下するという事態を招いてしまう。もちろん、必要以上に自分を貶《おとし》める必要はない。私だって、自分が教えている内容には一定以上の自信がある。だが、「絶対はない」という現実を正しく見つめてそれを伝える方が、結果として優良な顧客の支持を得られると思うのだが、いかがだろうか。

「ビジョン」の重要性

「具体的なビジョンを示さない」。私の推測では、こういう業者はかなり多い。情けない話だが、教育業界にはいわゆる「パクリ」が非常に多い。確かに「真理」は誰が教えても同じであるから、それには著作権もなければオリジナリティーもないわけで、ほかのものをまねていても問題はないように見えるが、やはりコピーはコピーであって、劣化版でしかない。

前にも述べたように自分の教える分野の「全体像」についての認識が明確で、そこへ至るためにどういう過程が必要であるかをしっかりとらえている指導者は、残念ながら決して多いとは言えないのだ。その主な原因は、先にも述べたとおり、教育は指導と成果の因果関係が明確でないため、うまく指導ができない人間がいても、それがよほど目立たない限り、はっきりそうとは指摘できないことにある。

一方、専門分野に詳しければいいからと考えて、いわゆる「学者」に教えを乞うのは、残念ながらほとんどの場合間違っている。大多数の学者は「研究」の専門家ではあっても「指導」の専門家ではないからだ。彼らはジャーゴン（専門用語、という意味の専門用語）と象牙の塔に守られて、決して下界に降りてくることはない。実は下界に降りてきたら彼らはあまり素人と変わらない可能性もないではないが、何しろ降りてこようとしないのだから確かめようもないのである。

相手を知るには不意をつけ

では、どうすれば相手にビジョンがあるかどうかわかるのか。そこにはいろいろ難しい呼吸があるが、一つの方法は、相手の話の腰を折って、想定外の質問をする、という手がある。どんなセールスマンでもそうだが、セールストークをするときには、何とかして客を自分のペースに引き込もうとするはずだ。相手のペースに引き込まれてしまったら最後、相手を冷静に見る目は失われる。

逆に言えば、そのペースを乱された時相手がどう反応するかを見れば、相手の本当の能力やビジョン、場合によっては誠意がわかる。では、具体的にどんな質問をするか。一番簡単なのは、教科内容について質問することである。それも、全体ではなく、具体的にある問題をぶつけてみる（ただし、「実は自分では正解がわかっているもの」に限る。その理由は後で説明する）。たとえば、相手が数学を担当する人間だった場合、こんなことを聞いてみるのも手かもしれない。「くじ引きで、三本のくじの中から一本を選ぶとき、最初にこちらが一本選んだ後で、当たりくじを知っている人が、残る二本のくじのうちはずれを教えてくれて、その後で、選んだものを変えてもいいよと言われた場合、変えた方が有利になる、と言われたんですけど、なんでだかわからないんです。教えてくれませんか」

自分の首を絞めるような話だが、指導者の能力と誠意を問うには、相手の不意を打つのが一番いい。ただし、単純な「知識」を聞いてはいけない。知識はしょせん単発の情報であり、知っているかどうかは、たとえ指導者であっても偶然の結果である。指導者の本当の能力は知恵の有無を確かめることによってわかる。右の有名な数学の問題は、ちょっとした知恵があれば私のような素人でもわかるものである（実は、この問題がはじめて提起された時、世の多くの数学者がこれを間違えたこともまた有名な話だが）。

こういう質問をすると、指導者の二つの面が見える。第一は、もちろん、知恵の有無である。第二は、誠実さである。特に、すぐに答えられない時にどう対応するかでその人柄はたいていわかる。

質問は自分を映す鏡

うーむ。自分で書いていて思うのだが、この基準に照らすと、私はあまり誠実な教師とはいえない気がしてきた。いや、別に答えられない時に言い逃れをする気はない。もちろん、たぶん私にも（もちろん英語で）答えられない質問はある。そういう時は、それは認めるし、時間をもらって回答することもあるだろう。

また、今この原稿を書いている最中にまさに起こったことなのだが、質問者の質問があまりにもばかばかしい場合や、質問者の能力と質問内容の乖離《かいり》（差のことね）があまりにも大きすぎて萎《な》えてしまう場合は確かにある。英語という科目は特にその傾向が強いが、勉強は積み重ねによって成り立つ部分がかなりある。レベル10の質問をレベル1の能力しかない学生に質問されても回答のしようがない。いや、回答のしようはあるのだが、それには時間がかかりすぎるのだ。いってみれば、因数分解もろくにできないのに、フェルマーの最終定理を証明してくれと要求しているようなものだ。しかも経験上、こういう学生に限って、妙にしつこいのである。「今の君には無理なんだよ」と言っても納得しない。

まあ私は生来不精な方なので、「もっと基礎からやり直して出直しなさい」と言って追い返すのが普通なのだが、おかげで私はそういう学生にはすこぶる評判が悪い。「富田は思い上がっている」ぐらいのことは余裕で言われている予定である。もちろん私も聖人君子ではないし、こちらに非がある場合もあるだろう。だが、質問するからには、質問者はその質問内容によって相手からその素質や能力を判断されているのだという事実も忘れないでもらいたい。

くだらない質問や、自分にふさわしくない質問をする人間はその質問によってその能力を相手に見切られるのだ。これは、「些細なこと・易しいことを質問するな」という意味ではない。ただ、質問をする際には、それが回答可能なものか、その回答を自分が理解できる可能性は高いか、を考慮してからにしなさい、ということである。

出たな妖怪

我々英語の教師が閉口する質問がある。しかもこの質問をするのは子どもばかりではない。いい歳の大人が、こういうことを臆面もなく聞く、というタイプの質問である。それは「どうすれば英語ができるようになるでしょうか？」だ。いやはや。

ただ、まあ大人の場合この手の質問は単なる話の接《つ》ぎ穂《ほ》である場合がほとんどである。たいていは、話すことがなくなった、ということを意味しているにすぎない。だからこちらもほぼ笑って誤魔化すだけですむ。だいたい、英語の教師に「ただで」英語の勉強について質問するのは、医者にただで診察してもらうのや、歌手にただでカラオケで歌ってもらうのや、焼き鳥屋にただで焼き鳥を焼いてもらうのに等しい。世の中そんな非常識な人もそうそういないので、それで困ることは実はあまりない。

だが、受験生の場合、事情は異なる。悩んでいるんだから、そういう質問をするのは当然だろうって？　残念ながらそうはいかない。正直に言うが、「どうすれば英語ができるようになるでしょうか？」という質問をする学生に対して思うことは、「こりゃだめだ」である。なぜか？

もちろん、そんな質問には答えようがないからである。

理由は三つ。（1）問題設定があいまいすぎる。（2）万人共通の処方箋などない。（3）質問者固有の状況は、数分話を聞いただけで他人に理解できるはずがない。むしろ私があきれるのは、そういう「答えられるはずのない」質問をすることで、自分が愚かだと思われることを想像できていない、という事実の方だ。特に問題なのは、あいまいな問題設定である。こういう学生に「何ができないの？」と問いかけると、「何ができないかがわからないんです」という答えが返ってくる。出たな妖怪、である。そういう時、我々教師は多分その学生からは不誠実かつ無能に見えるだろう。なにしろロクな答えができない上に、さっさと帰れと言わんばかりの態度をとるからである。

もちろんそういう学生には我々は支持されない。支持されないからこそ幸運なのである。学生も我々を選ぶが、こうして我々も学生を選ぶのである。

答えようのない質問をすれば、相手に自分の無能さを見抜かれてしまうだけだし、また、自分でも正解のわからない質問をして相手を値踏みしてみようとしても、相手の言っていることが正解かどうか判定できないのでは結局何もわからない。だから、指導者の能力とビジョンを確かめるために質問するなら、それは「自分では正解を知っている、知識ではなく知恵を問う問題」にすべきだと言ったのである。

※問いの答えを知りたい、という向きもあろうから、先の問いの答えを載せておく。考えれば考えるほど、おもしろい問題だ。

【問いの答え】三本のくじにA、B、Cと名前をつけよう。あなたが最初に選んだくじをAとする。それが当たりである確率は三分の一だ。その後で、はずれくじBが残りの二本からはずされるのだから、残っている一本のくじCは「Aが当たりならはずれ」「Aがはずれなら当たり」である。Aが当たる確率は三分の一だから、Aがはずれる確率は当然三分の二だ。Aがはずれれば自動的にCが当たるのだから、Cが当たる確率は三分の二になる。だから、変えれば当たる確率が倍になる。

業界の実態

で、そういう質問をした時、相手がどう反応するかで、相手の姿勢やビジョンがわかる。一番情けないのは、「その場で答えない」という類である。実は今、巷《ちまた》の塾には講師に「生徒の質問には自分で答えるな」と指示しているところがかなりあると聞く。そういうところの「講師」はたいてい大学生のバイトで、しかも下手をすると英文科の学生が生物を教えていたりする。ミトコンドリアを授業の二十分前に知った、などという生物の「先生」もいるらしい。

大人の読者なら、子どものころ読んだ『ファーブル昆虫記』に、数学を知らないファーブルが数学の家庭教師を頼まれて一夜漬けの勉強の末、事なきを得る話をむしろ微笑ましい立派な指導者の逸話《いつわ》として読んだ覚えがあるかもしれないが、今の一部の塾の実情を知ったら、ファーブル先生は裸足で逃げ出すかもしれない。そういう「先生」は当然質問には答えられない（授業は、与えられたマニュアルを読むだけだから誰でもできる）。そこで、綻《ほころ》びが出ないように、質問には自分で答えず、上司に伝達するだけにせよ、という指示が出ているのだ。レストランのホールのアルバイトではあるまいし、何を聞いても「ちょっとお待ちください」では洒落《しゃれ》にならない。

他にも「話を逸《そ》らそうとする」「説明を始めてしどろもどろになる」など、色々なパターンがありうるが、そういう「先生」を擁《よう》する業者とは関わりにならない方が賢明である。自分でこんなことを言うのもなんだが、私は「不意打ち」はそれほど嫌いではない。なにしろ、根がおっちょこちょいなものだから、よく授業する箇所を間違えて教室に行く。生徒に聞いてみると、やれテキストが違う、とか担当箇所が違うとか、そういうことがままある。

もちろん何食わぬ顔をして授業を始めるが、実は結構緊張感がある。知らない単語があったらどうしよう（爆）？　だが、私はそういう授業はある意味フェアだと思っている。何せ生徒は試験場で予習なしで問題を解くのだ。ところが、指導者の方は散々時間をかけて予習をし、答案を練り、ひどいのになると全文和訳をテキストの余白に貼り付けて（つまりアンチョコだ）授業を展開し、学生にそれと同じ答案を書け、と要求する。そういうのはアンフェアだ、と思う。

もちろん、お金を取って授業をする以上、間違いがあってはいけないし、下調べは大切なことだという意見に異を唱えるつもりはないが、少なくとも生徒とフェアな条件で勝負をする気持ちにならないと、試験勉強の指導は難しい気がする。世の中には、失敬にも、「富田は予習をしない」などと喧伝《けんでん》する人々がいるらしいが、とんでもないいいがかりである。私だって、予習くらいする。たまにだが。

批判するほど実は知らない

ついでのことに、「他を批判する」業者にも注意はした方がいい。もちろん世の中には悪徳業者もいるはずだが、正直言って、私など予備校業界に三十年近くいるが、自分以外の先生が何をどう教えているかなど、全く知らない。だいたい、ドアの閉じた教室の向こうで、他人が何をやっているかなど正確にわかるはずはない。

だから、たとえば他を批判するような指導者はほとんどの場合情報を同僚の別の指導者や自分の生徒から得ていると考えられる。つまり、そういう批判はほとんどの場合「未検証の受け売り」にすぎない。私が「他を批判する指導者」を信用する気にならないのは、その人物の能力に疑問符がつくからだ。

どうしてか。生徒や他の同僚からの「情報」には正確さが欠けている。特に生徒からの情報の場合、その生徒が話の全体像を正しく理解したうえで伝えているかどうかがはなはだ怪しいと言わざるを得ない。また同僚の場合、何らかの意図によって話の内容にバイアスをかけてある可能性もあり、とても「正確」とは言い難い。問題は、そういう「正確かどうかわからない」情報を真実と勘違い、ないしは曲解して批判する、ということは、その批判者は愚かであるか、悪意を抱いているかのどちらかだからだ。悪意を抱いているのは商売敵《がたき》だからまあ致し方ないとして、もし本気でそう信じていたら本当の愚か者である。

賢い悪人と善意の愚者

話は少し脱線気味になるが、もしあなたが「賢い悪人」と「善意の愚か者」のどちらかを自分の指導者として選ばざるを得ないとしたらどちらを選ぶか、と問われたら、どう答えるだろうか。私なら断然「悪人」を選ぶ。

悪人は、確かに、我々をだまして私腹を肥やしたりするだろう。だが、だましすぎて我々が死んでしまったら、元も子もない。だからそれなりの利益を我々にも寄越す。昔某所で聞いた。「愚かな詐欺師は、あなたを一生で一回だけだます。ライトバンで乗り付け、いりもしない布団や宝石などを売りつけてドロンすればいい。だが、それでは一回しかだませないし、大した身入りにならない。賢い詐欺師は、あなたを一生だまし続けなくてはならない。だから、粗悪品を売りつけても、それが立派で高級だと思わせ続けるようにいろんな手《て》管《くだ》を使う」。実に含蓄のある話だ。

それと直接関係あるかどうかは読者の判断に任せるが、建築業者のテレビCMは何のためにあるかご存じだろうか。家を建てるときにその業者を選んでもらうため？　まあそういう面も確かにあるが、考えてみればわかるように、ほとんどの人は一生に家を一回しか建てない。だからCMを見ているほとんどの視聴者は家を建てる予定などないか、あるいはすでに建ててしまった人である。だが、一見無意味に見えるこのCMにはちゃんと立派な意味があるのだ。それは、すでにその建築業者で家を建てた人に、「あなたの選択は正しかった」というメッセージを伝えることである。実際に建てられた家には不満がないはずはないが、それでもああいうCMを見れば「やはりよかった」と思えるのだそうだ。これまた含蓄のある話ではないか。

まあ、生きていくことはある意味「化かしあい」なのだから、そういうのはありだ。だが、いくら善人でも、「愚か者」は困る。なにしろ、「愚か」なのだから、我々に害をもたらすか、利益をもたらすか、全くわからない。本人に悪意はない。だが、正しくコントロールする能力はない。むしろだからこそ始末が悪いのである。

ロッキード事件の不思議

私が子どもの頃、ロッキード事件というのがあった。その時、国会の証人喚問の場で、企業や政治の指導者たちが、自分に向けられる質問に対し「記憶にございません」を連発するのを聞いてひどくあきれた覚えがある。あきれたのはその答弁ではない。その答弁を聞いた質問者や他の議員、同僚たちがその人を「記憶力が悪い」という理由でクビにしなかったことである。

それからも何回もそういうことがあった。一億円の献金をもらいながら、「記憶にない」と言った首相経験者もいたが、いくら記憶力の悪い私でも、さすがに一億円、いや十万円でも誰かからもらえば生涯覚えていると思う。もっと最近には親から月々千万単位の小遣いをもらっていた元政党党首もいたが、それだけの小遣いをもらいながら、「知らない」子どもとはどんな子どもだろうか。そういう人々がその後も要職にあるのは、私にはどうしても理解できない。そんな大事なことを「覚えていない」ような人に、世の中の運命を託していいものだろうか。

話が大きくなったが、そういう理由で、私は「他を批判する」業者は信用ならないと思う。悪意があるのは別に問題ない。悪意ある発言に惑わされるとしたら、それは惑わされる顧客が愚かだからであり、愚かな顧客がそういう業者のところに行っても、単に本人が「愚かであるが故に」成功しないだけだからである。だが、「愚か」な業者に愚かな指導を受けて顧客が失敗するのは、それも顧客の自己責任とはいえ、同じ業界に身を置くものとしては慙愧《ざんき》の念に堪えない。

授業は疑いを持って聞く

さて、インチキ業者を見抜く「見る目」を得るためのもう一つのチェックポイントは、指導を受け始めてからも絶えずチェックすることである。

どうも日本人は指導者を全面的に信頼する傾向が強い。それは、たまたまその指導者が良ければいいがそうでなければひどい結末を迎える、というリスクを無視する誤った態度である。だから私は生徒たちに絶えず注意している。「講師（もちろん私を含む）の話を聞くときは、最大限の疑いの心を持って聞け。あいつは何か嘘をつかないか、何か説明を省略しないか、何か適当なことを言ってごまかそうとしないか。そんなことをしたら許さないぞ、という目で講師の発言をチェックせよ」。

専門的な学習をする大人の学習者のことは知らないが（本音を言えば、推して知るべしだとは思っている）、中高生などの子どもの学習者は、ある意味驚くほど素直である。先生の言うことを全く疑わずに聞き、先生の書く言葉をそのまま正確に写している。昔、教授の授業中の咳払いまでノートに取る女子学生（こういう極端なのには、本当には会ったことがない。私の大学時代の同級生の女子のノートを見る限り、先生のギャグまでは写してあるのがあった。しかも、本人はギャグとは気づいていないらしかった。え？　なんで女子のノートの中身を知っているのかこのエッチ、だって？　単に、出ていない授業のノートを借りてコピーしたにすぎない。しかもこのノート、本当に何でも書いてあるので実に重宝する。書いた本人は意味がわかっていないとしてもだ。だから、ノートを借りた際には感謝の印として必ず書いた本人よりいい成績をとる。そうすれば、彼女の能力はともかく、彼女のノートは完璧だ、という事実を教えてあげられるからだ。ただ、あまりそれをおおっぴらにやるとノートを貸してくれる人が減る、という難点があるが)、という伝説があったが、むべなるかなである。

なぜ学生はそれほど従順なのか？　別に彼らが先生を尊敬し、真面目に勉学に励む優秀な生徒だからではない。単に、それが一番安楽だからである。何も考えずにただ聞き、写していれば時間が過ぎていく。意味はわからなくても、写したという充実感が得られる。まあそんなところだ。

Mr．＆Missコピペ

だが、このような勉強は、全く無意味である。いや、それは勉強でさえない。それはただのコピーマシンである。私はそういう学生をMr．＆Missコピペ、と呼んでいる。

私の教室にもそういうMr．＆Missコピペは出没する。彼らは本当にノートをよくとる。それも私が青いチョークを持てば青いボールペンで、赤いチョークをとれば赤いボールペンで書く。まるでわたしの選択する色に何かの意味があると信じているかのようだ(意味はないのかって？　もちろん、ない。ただの気分である)。しかも彼らは授業中によく頷《うなず》く。私が何を言っても頷く。だが、たいていの場合、何もわかっていない。

もちろん実際にはやらないが、そういう彼らを見ていると、思わずやりたい誘惑に駆られる。「嘘、教えてみよーかなー」。だって、おそらくどんな嘘を教えても彼らは頷き、ノートをとるのだ。

もちろん、それは学習者として最も避けるべき行動である。授業を聞くときには、講師の発言を最大限に疑うべきだ。「疑う」からこそ人はその内容を真剣に聞き、理解しようとするのである。もちろん、指導の内容が正当である場合、それで明らかに学力がつく。万が一その指導がインチキなら、遠からずその疑いにその指導は耐えられなくなるはずだ。そうすることで、聞き手は悪徳業者の手から短期間で逃れることができる。ただし、その場合でも、自分の能力が高まり、それが成績という目に見える形に反映するためには、やはり一定以上の期間が必要だ。だから、自分にとって適切な指導を与えてくれる指導者についたならば、「疑う」という姿勢を忘れず、一方で、一定以上の期間我慢して勉強を続ける必要があることは言うまでもない。特に、全体像の大きい知識をインストールするときには、各パーツがリンクして能力として結実するまでには確実に一定以上の期間が必要である。

勉強は過去を思い出すことではない

私は仕事柄、教壇の上からよく生徒に質問をする。そのたびに多くの生徒は答えを求めてある行動をする。その行動とはなんだろうか？

抽象論では見当もつかないと思われるので、具体例を挙げよう。私は授業で英語の文の中にある修飾語をMと呼び、Mには二種類ある、と説明する。そのうちの一方は形容詞で、名詞にかかるという性質を持っている、といって次のように板書《ばんしょ》した後、次のような質問をする。

「さて、このような状況で、『副詞ってなあに？』と聞いたらなんと答えるかな？」

M

形容詞：（前の）名詞にかかる

副詞：？？？？？？？？？

まあ一応お約束だから聞いてみよう。鋭敏な読者の皆様、アナタならなんと答えますか？

そう振っておいてこんなことを言うのもなんだが、実はこの質問、なんと答えるかはさほど問題ではない。いや、答えが何でもいいと言っているのではない。ただ、「どうやって」答えるかの方が問題なのである。

こういう問いに出会った時、残念ながら出来のよろしくない学生は、その黒板に書いてある目の前の現実に注目するのではなく、過去に自分が受けた授業、読んだ教科書や参考書の中から、「副詞」に関する情報を思い出そうとする。そうなのだ。学生にとって、勉強とは、「前にどこかで聞いた話を思い出すこと」なのである。だが、過去を思い出すことは「回想」であって、勉強ではない。過去をいくら思い出しても、過去は越えられないからだ。

勉強の本質は、過去を思い出すことの中にはない。それは、目の前にあるものを正直に見る、ことにある。

ことである。

見えるのはまぶたの裏の静脈だけ

誤解のないように言っておくが、私は勉強に「過去」はいらない、というつもりはない。勉強には応用がつきものだが、それは、過去に出会った経験を抽象化したものを、今の現象に生かすことである。

だが、単に過去を思い出す、という作業には、過去を生かすのに必要な「抽象化（表面が違ってみえるものの中味の共通性を見出すこと）」という作業が伴わないので、それをいくらやっても勉強にはならない。むしろそういう学生たちの癖が、目の前の現象に向かわせることの妨《さまた》げになっているとさえいえる。その象徴ともいえる行動を紹介しよう。学生たちに文章の内容について何か考えさせようとすると、彼らはすぐに「目を閉じて」考えようとするのだ。

だが、文章を根拠にした問題の手がかりはその文章そのものの中にある。目を閉じる、ということはその大切な手がかりである文章から目を離す、ということである。それでうまくいくはずはない。だから私はそういう学生たちに、からかい気味に言うのだ。「天井を見上げて考えても、見えるのは天井の模様だけ。目をつむって考えても、見えるのはまぶたの裏の静脈だけ」。そう。文章に絡む問題を解くときには決して文章から目を離してはいけない。手がかりがあるところを見もしないで頭の中のあやふやな記憶を追いかけたところで得るものはほとんどないのだ。

右に挙げた「副詞とは何か？」の答えも、その板書そのものを見ていればすぐにわかる。板書によれば、Mには二種類しかない。しかもそのうちの一方「形容詞」には「名詞にかかる」というはっきりした性質がある。とすると「副詞」を説明する方法は一つしかない。「その他全部」である。そう、Mの中で「形容詞」とされるもの以外のすべてが「副詞」である。こういう風に定義すれば、覚えることは半分ですみ、例外も出ない。しかも、板書を「見ただけで」解答が出る。まさに「目の前の現象を正直に見る」である。

学生が抱きやすい妄想

だが、学生たちは目の前にある現実に目を向けないくせに、ありもしないものを探し求める傾向がある。典型的な例が、英語や国語のような語学において、解答の根拠を「文脈」に求める姿勢である。私がここで問題にしたいのは、根拠を「文脈」に求めることの是非ではなく、彼らの言う「文脈」の実体である。文脈とは、その本来の言葉の意味に寄り添って言えば、言葉の連なりのことであり、言葉対言葉の関係で意味を捉えることである。

もちろんその言葉はすべて目に見える実体のあるもののはずだが、学生たちが言う「文脈」は目に見えない。つまり彼らの「文脈」は、実は言葉通りの「文脈」とは縁もゆかりもない全くの別物である。それは煎じ詰めれば「勘」のことである。「たぶん……これ」というあれだ。そして彼らのほとんどは、自分には「多分」としか思えないことでも、もっと頭のいい学生なら、「間違いなくこれ」と確信できるのだろうと信じている。

もちろん彼らが信じていることに特に根拠はない。ただ「頭がいい」というのはそういうことなんだろう、と自分は頭がよくないと思っている彼らは想像しているのだ。もちろんそんなことは学生たちの幻想にすぎない。正しい解答には必ず「目に見える手がかり」がある。できる（私が「頭がいい」という表現はしていないことに注意してほしい）学生は単にそういう「目に見える手がかり」を発見するのに長《た》けているのにすぎないことは、前作『試験勉強という名の知的冒険』を読めば明白である。

「頭がいい」神話

「頭がいい」神話には次のようなものもある。「頭のいい学生は多くの複雑な情報を鮮やかに理解、処理できる」。うまく情報を処理できない学生は、自分は頭の中に多くの情報が入ってくると混乱してしまうが、「頭のいい」学生は大量の複雑な情報を鮮やかに整理して理解しているのだ、と思い込んでいる節がある。これまた全くの勘違いである。

一部の天才は知らない（生まれてこの方数十年、私は女と天才にはなったことがないので、両者の気持ちはまるで理解できない）が、できる学生は、むしろ自分があまり頭がよくない、つまり一時に大量の情報を整理することはできないことを知っていて、頭の中に一時に大量の情報が入ってこないようにコントロールしているにすぎない。そのために情報のある部分に一時的に覆《おお》いをかけてそれを隠し、その情報に影響されない状態で他の部分を処理し、処理のすんだものに後から覆いをかけてあった情報を繰り入れる、というような手順を自分で開発していくだけのことなのだ。

むしろできない学生は、どんな人間にもできないこと、たとえば「見えない何かに感づくこと」「大量の情報を一度に処理すること」などを、できるはずがないのにやろうとして当然のごとく失敗し、しかもそれをできないのは自分だけだと思い込み、そういう自分に絶望してあきらめの境地に勝手に達してしまっているにすぎないのだ。

自己不信のもたらすもの

そういう傍《はた》から見れば馬鹿げた勘違いをもたらしている原因は、救いがたいほどの自己不信である。「できなくていいこと」ができないがゆえに自己不信に陥るのか、自己不信ゆえに自分ができないことが「できなくていいこと」であることに気づかないのか、このあたりになると鶏が先か卵が先かといった感じだが、教師をやっていると生徒の心の奥底に流れる強烈な自己不信に思わずたじろぐほどである。

そしてこの「自己不信」という言葉に照らして考えると、学生たちの行動の多くに説明がつく。彼らが自分で考えようとしないのは、「考えてもわかりっこない」という自己不信のせいである。すぐに辞書のような「他人の意見」に頼ったり、質問されると過去に聞いた話を思い出そうとしたりするのも然《しか》り。自分が信じられないから、自分の考えたことに頼って行動することができない。いつも「自分以外」の権威を求めようとしてしまう。

ストライクゾーンを広くとれ

同じような自己不信の現れであり、学生の成長を妨げている障害の一つに「ストライクゾーンが狭いこと」がある。こう言っても俄《にわ》かには何のことかわからないだろうから、少し説明しよう。人間には、誰しもその心の中に「新しいものを受け入れられる範囲」がある。その大きさは、多少は生まれ持った性格にも左右されるが、そのほとんどは過去の経験で得たさまざまな知識や印象、それによって生まれる本人の心のありようによって変わってくる。

人間は本質的に「見慣れないもの」が嫌いである。それはある種生物学的な防衛反応である。生物学的にみれば、これまで自分を守ってきた環境や食料、生活のあり方を維持すれば、生存率は高くなる。だからほとんどの動物は、同じものしか食べない。この性質は人間にももちろん受け継がれていて、だから「見慣れないもの」を見ると警戒する。警戒するのはもちろん、正しい。だが、中には警戒の度が過ぎて、一切受け入れない人がいる。

こういう精神状態を私は「ストライクゾーンが狭い」と呼ぶ。ストライクゾーンが狭すぎると、新しいもの、見慣れないものを一顧《いっこ》だにしなくなり、自ら成長する芽を摘んでしまうことになる。しかも、ストライクゾーンが狭い人は、当然ながら自分のストライクゾーンが狭い、という事実に気づかない。何しろ自分の受け入れられる「予定調和の世界」しか受け入れず、それ以外のものを「間違っている」と思い込んでいるのだから。しかもそういう自分が自分の発達を妨げているとも気づかず、常に自分を正しいと考えているから始末が悪い。

誰がワインを発明したのか

だが、それでは個人も文明全体も進歩しない。見慣れないものに対して好奇心を抱き、警戒はしながらもそれを受け入れるある種の余裕が、人間とその文明を進歩させてきたのだ。考えてもみたまえ。一体誰がワインを発明したのか。おそらくきっかけはブドウの保存に失敗したことだ。ブドウを壺に詰め、一定期間後に壺を開けてみたらすっかり腐っていたのにちがいない。普通なら、そのまま捨ててしまう。だが、どれだけ喉が渇いていたのかは知らないが、誰かが「飲んでみよう」と言い出した。飲んだら、おそらく腹をこわす。下痢でピーピーになったのに、その前になんだか気持ちよくなったぞ、と思った誰かが、「もう一回飲んでみよう」と言い出したのだ。特にえらいのは、「もう一回飲もうと言い出した人」である。だって腹をこわしたのだよ。普通なら懲りて二度と手は出さない。だが、今我々の前にワインがあるという事実から逆算すると、誰かがそれを言い出したのだ。そういう精神の底には、新しいものを面白がるというDNAが息づいている。そういう冒険心が、文明を進歩させてきたのである（「ワイン」を「ふぐ」に変えると、もっとすごいチャレンジャー精神がわかる）。

つまり、ストライクゾーンの広さは、文明であれ個人であれ、成長するための必要条件なのである。だが、多くの人、それも学生は（こういうとき、主語を何にしようかでとても迷う。三人称で書くとまるで自分はそうではありません、と言っているかのようでいかにもえらそうだし、かといって一人称で書くと、なんだお前もそうなのかい、だったらえらそうなことを言うなよ、と言われそうだからである。ましてや二人称で書くと……）まだかなり若いのに、実はきわめてストライクゾーンが狭い。

たとえば、私は一年間の授業の初めの頃に、英文を読む上で重要な式「動詞の数－1＝接続詞・関係詞の数」を提示するのだが、この式を見ただけでもう拒絶反応を示す学生がいる。「英語の授業なのに式を書くなんて、あいつはおかしい」ということらしい。内容の評価は措《お》くとしても、「英語の授業に数式が出てきてはいけない」という決まりはない。確かに出てくることは珍しい。だが、それだけのことだ。それを「式で書いたから」という理由だけで最初から考慮することさえ拒絶するのは、どう考えてもストライクゾーンが狭すぎる。そういう性質を、より一般的な言い回しでは「狭量」という。

疑いと拒否は違う

だって、さっき教師の言うことはすべて疑え、といったじゃないか、という人へ。おっしゃる通り。もちろん、疑うべきである。何かを妄信することは、最も避けるべきことだ。だが論理的に否定できる前にただ拒絶するべきでもない。この「疑うが、拒絶しない」という態度は知性の基調である「やじろべえの精神」に通じる。これは前作でも説明したことだが、簡単におさらいしてみよう。

私のこれまでの観察では、人間には物事にさっさと白黒をつけたい、という志向性があるようだ。決着がついていないと落ち着かずに気持ちが悪いらしい。だが、この志向性が人々を知的生活から遠ざけている張本人である。

というのは、我々の出会う現実の多くは、簡単に白黒つけられる類のものではないからだ。同じようなことが白の場合もあれば黒の場合もあり、同じことでも見方を変えれば白から黒に反転したりもする。そういう現実の中でより良い道を模索するには、「決められない間は決めない」という精神的態度が必要である。

もちろんこれは単なる優柔不断とは違う。何か一つのものに自分の精神を売り渡してしまわず、絶えず自分の目で目の前の現象と向かい合うために最も必要な態度である。世の中に絶対正しいことなどはない。それを知った上で、現実においてより良い選択肢を求めようとする態度を私は「やじろべえの精神」と呼ぶ。そしてこれが人間の知性の根幹を支える重要なカギなのだ。

修飾語はかかるところにかかる?

ストライクゾーンの狭い人、いや学生がよく口にするせりふがある。それが「そんなのは当たり前だ」である。「そんな当たり前のことを言ってもしょうがない」などとも言う。

だが、果たしてそうだろうか。当たり前のことを当たり前と切って捨てていたのでは、その中に含まれている真理や新たな可能性を見落としてしまう。またまた我田引水で恐縮だが、我々語学の教師が必ず教える内容に修飾語の係り受けがある。どんな言語にも修飾語はあり、それは必ず「どこか」にかかる。もちろん日本語でもそうだ。そして学習者に共通の悩みが「修飾語がどこにかかるかわからない」である。

私は授業中、「修飾語がどこにかかるかなんて考えているからどこにかかるかわからないんだ」と生徒に言う。「どこにかかるか教えてやろうか？　その修飾語が『かかるところにかかる』んだよ」。これを言うと、ほとんどの生徒は口をあんぐりとあけるか、あきれ返ったという顔をしてこちらを見る。彼らの顔にはもちろんこう書いてある。「そんなの当たり前じゃないか」。彼らがこういう顔をすればするほど、こちらはしてやったりである。そこで私は彼らにこう言い放つ。「そんなの当たり前じゃないか、という顔をしているな。だから進歩しないんだよ。いいかね、当たり前のことは誰にも否定できない。その当たり前のことから出発して考えていけば、有意義な結論に達することがありうる。それを、当たり前だといって切って捨ててしまえば、何にも得るものはないじゃないか」。そういって私は次のように説明する。「では考えてみよう。『M（説明）がかかるところ』とはどんなところだろう。それは『説明が必要なところ』だな。必要のない説明はしないだろ？　じゃあ『説明が必要なところ』とはどんなところだ？　そりゃもちろん、説明しないと『よくわからないところ』だね。つまり、修飾語は『よくわからないところ』にかければいいんだよ。つまりこれからは、修飾語がどこにかかるかを探すのではなく、修飾語以外のところで『よくわからないところ』はどこかを探すのさ。わからないところを探すのは得意だろ？　しかもこのやり方は英語だけじゃない。全言語に共通だ。これさえわかっていれば、英語だけじゃなく現代文でも古文、漢文でも役に立つし、もし将来君がイタリア語を勉強しても同じ考えが使えるのさ」。

これで彼らは再び唖然である。

オール5の娘の秘密

困ったことだが、ストライクゾーンが狭いことは、場合によっては世の中でほめそやされる場合がある。そう、いわゆる「いい子」はストライクゾーンが狭いことが多い。老若男女問わず、小学生のころ周囲に「オール5の娘」がいたはずだ。成績もよく、先生の覚えもめでたく、はきはきしているそれこそ「いい子」である。

だが、そういう子の多くは、成長するにつれて多くの有象無象の中に埋没していき、高校を出るころには、どこに行ったのかさえわからないくらい目立たない存在になっている。この「消えていくオール5の娘」のからくりを解く鍵がストライクゾーンの狭さである。

「よい子」にはよい子になるだけのそれぞれの事情があるはずだが、その多くは「大人の顔色を読むのが得意」「大人が喜ぶことに敏感」だから、だろう。大人の心を読み、それにうまく合わせてやっていける彼らはもちろんある意味で賢いのだが、困ったことに彼らの合わせる大人はほとんどの場合常識という名の固定観念に凝り固まっている。大人たちのほとんどは、ストライクゾーンが極めて狭いのだ。それに自分の考えを合わせていくうちに、大人の覚えがめでたくなればなるほど、本人のストライクゾーンが無自覚に狭まっていく。

本当に賢い「いい子」は幼いうちからでも使い分けができ、本当の自分を、大人に喜ばれる自分の後ろにそっと忍ばせたままにしておくことができるが、中途半端な「いい子」はそこまでしたたかではない。そういう子どもがそのままいい子でいると、いつの間にか自分のストライクゾーンを、狭い大人のストライクゾーンに乗っ取られてしまう。小学校の間はそれでも現象面では困ることはあまりない。むしろ周囲の大人から高く評価され、成績もいいのだから、本人もそういう自分に疑問を持たずにすむ。

「いい子」に不幸が訪れるとき

問題の兆候は、おそらく中学受験あたりから現れはじめる。受験では「教えられたことをそのまま吐き出す」のではなく、「知識と知恵を組み合わせてその場で何かを思いつく」ことが求められるのだが、中途半端な「いい子」は思いつくことができない。というより、「何かを自分で思いついてもいい」ということがわからない。これまで聞いたことの中に答えがそのままあると考え、一生懸命思い出そうとする。狭まったストライクゾーンが足かせになるのだ。もちろんいい子なので言われたことは素直に聞き、たくさん覚えるから、成績はそれなりにいいが、ある一定ラインで頭打ちになる。だから、そこそこの学校には合格するだろうが、それを越えることができない。

中学校以上になると、自分の教わってきた「正しい答え」をそのまま吐き出すやり方の限界がいっそうはっきりしてくる。もちろん、そこで自分を切り替えることに成功する子もいるが、「いい子」の素質が強すぎるとそれがなかなかできない。その結果そのままもがきながら少しずつ沈んでいくことになる。我々の業界（大学受験用の予備校）には、こういう「燃え尽きたいい子」が一定の割合で存在する。彼らの成功には、相当のショック療法が必要だ。何しろ、なかなか目を覚ましてくれないのだ。ストライクゾーンが狭すぎて、場合によってはこちらが刺激的な言葉を投げれば投げるほど頑《かたく》なになっていく。運よくこちらの言うことに耳を傾けてくれても、今度はそれを妄信し、「これで全部」「これさえやれば受かる」などという言葉に誘惑され続ける。しかも志望校はたいていの場合「早稲田」である（慶応もいるが、比較的少ない）。どうも、そういう子どもたちにとって、自分の不完全燃焼だった十代を一気に逆転するには「ワセダ」という記号が必須らしい。多分あの学校の醸《かも》し出すある雰囲気が、ストライクゾーンの狭い自分をその頚木《くびき》から解放してくれると妄想するらしいのだが、皮肉なことにすでにストライクゾーンが広くなっていないと、早稲田の門戸は開かれないのだ。

でも、大学受験まで行ける子はまだいい。中にはこれまで信じてきた「大人」のあり方に完全な不信感を抱いて中学くらいから問題行動を起こすようになる子もいる。子どもには誰にでも「反抗期」がある。だが、幼い頃から相対的価値観をいくらかなりとも持っていると、大人にそれほど期待していない分、反抗というより距離を置いた共感程度で収まるものだ。一方、絶対的な信頼は、突然完全な不信に変わりやすい。しかも、それでもその子どものストライクゾーンが狭いことに変わりはないのだ。「全部信じる」が「全部拒否する」になっただけである。ここまで行くことは全体としては少ないと期待したいが、こういう状態になると、なかなか抜け出すことが難しくなる。こうして、どこの小学校にもいる「オール5の娘」は消えていくのである。

あなたは頑固で狭量である

では、ストライクゾーンを狭くしないためにはどうすればいいのか。正直、私は児童心理の専門家ではないので、幼い子どものことについて説得力のある見解を述べることはできない。そもそも、そういう年齢層の子どもは本書を読むこともなかろうと思うので、直接語りかけることも難しい。親御や指導者に言うべきことはあるが、それは章を改めてまとめて言う予定である。だから、ここでのターゲットは、本書を読む言語能力を備えた学習者、つまり中学生以上大人まで、ということになる。そういう人々に伝えるべきヒントは、ここまでの話の中にも出てきている。重複になる点もあろうが、少し補っておこう。

自分のストライクゾーンを狭めないようにするための心がけの第一は、自分のストライクゾーンは、自分が思っているほど広くはない、ということを認識することだ。おそらく、ほとんどの人間は「自分は狭量ではない」と信じている。だが、おそらく私を含めてすべての人間は、ほうっておいたらきわめて狭量である。これは、外国の風習に対する自分の反応を見ればわかる。我々は自分のやっていない外国の風習を見ると、まず「奇妙だ」と思う。それでも、その外国人が我々と無関係な土地でその風習をやっているだけなら面白がって見ているだけだが、同じことを自分もやれといわれると、「絶対いやだ」と思う。

こういうことは、自分がそういう偏見で見られる側に回ってみるとよく実感できる。まだ学生の頃、あるアメリカ人の学生と日本語について話していたとき、私が「日本語には前置詞はないんだよ」と言ったら、アメリカ人の彼はニコリともせずこう言い放った。「でも、そんなことはありえないよ（But it's impossible.）」。ねえあなた、もしご自分がそう言われたらどう思いますか。ほかにも「日本語には文字がいっぱいあるんだって？　え？　最低でも１２００くらい覚えている？　そんな不効率なことをやっているから日本人は頭が悪いんだよ」と言われたこともある。いかがだろう？

もちろん、このアメリカ人たちは狭量である。でも、我々とてしょせんは同じ穴の狢《むじな》である。たとえば、我々日本人は、「言葉は文字を見れば意味がわかるものだ」と思っている。「英語でも多分そうだろう」と。おあいにく様、英語ではある単語を見てもその意味は全くわからないことがある。only は単独で見ても、品詞さえ特定できない。

言葉の意味は前から決まるのか

それどころか、我々は自分がやっていることさえ正しく理解していない。その典型的な例が「言葉の意味は前から決まっていく」である。この言葉を聞いたらほぼ全員が、もちろんその通りだ、と反応するだろう。だが、それは錯覚である。たとえば「現地の事情を無視した援助は有効ではない。それは」で止めたとき、「それ」が何を指しているかわかったら千里眼である。もし「現地の事情を無視した援助は有効ではない。それは援助を考える上で最も考慮すべき事柄である」であれば、「それ＝現地の事情」であり、「現地の事情を無視した援助は有効ではない。それは援助する際に我々が犯しやすい過ちである」なら「それ＝現地の事情を無視した（援助）」である。それぞれ我々がそう判断するのは、もちろん各文の後半を読んだからであり、この一点を以ってしても、「前から意味を決定する」は誤りであることがわかる。ことほどさように、我々は自分がやっていることさえ正しくは理解しておらず、単なる思い込みを真実と信じ込んでいるわけだ。これこそが「ストライクゾーンが狭い」状態である。

まずは自覚せよ

このように、我々は自分でも気づかぬうちにストライクゾーンが狭い状態になっている。まずはそういう自覚を持つことだ。そして、見慣れないものや疑わしいものに出会ったときには、あわてて判断をせず、じっくりとその中身を見てみることである。何度も言うことだが、単に拒絶するのも、全面的に受け入れるのも間違いである。疑いつつ、でも試してみる、という程度の姿勢が正しい。ここでも重要なのは「やじろべえの精神」である。決めつけず、ありのままを正直に見る、という姿勢を絶えず意識していくと、いつの間にかストライクゾーンが広がっていく。

特に、高齢者とは言わぬまでも我々大人はこのことに特に留意すべきである。いろいろな意味で、大人は不自由である。守るべきものを多く持てば持つほど、そして残り時間が少なくなればなるほど、自分が持っているものを否定するのは難しくなる。それが、じりじりと我々のストライクゾーンを狭めていく。これは、腰が曲がるのよりも、老眼よりも恐ろしい「老化」である。もちろん「老い」は受け入れていくほかない我々の現実だが、個人的には今後もなるべくストライクゾーンを広く持っていきたいと思う。

嘘も方便

反対に、若い人、特に中高生、場合によっては大学生諸君も含むが、諸君に忠告しておきたいのは、ストライクゾーンは広げてほしいが、状況によっては、それを狭いままの振りをせざるを得ないこともある、ということだ。これは、とても難しいことだと、おじさんは正直思う。ストライクゾーンが広がっていくと、大人の行動の中には、お世辞にもほめられたものではない、理不尽としかいえないものもある、ということがわかってしまう。そういう時、正義感と義憤に駆られて大人の行為に挑戦する若者が一定の割合で存在する。だが、ほとんどの場合、結果としてはそれは得にはならない。場合によってはその反抗は「反社会的だという烙印」となって自らに返ってくることがある。これは本当に、難しい問題だ。残念ながら、大人はみんな聖人君子というわけではない。だが、権力と決定権は大人の側にある。客観的に見てどちらが正しくても、権力のない側は常に非があるとされてしまう。

息子の選択

一例を挙げよう。個人的なことは書くべきではないようにも思うが、あまりにもぴったりの例なので、致し方ない。私には磨慧（まさと、と読む。坊さんみたい、とか言わないように）という息子がいるが、彼が中学三年の頃だったか、担任の先生から家に電話がかかってきた。たまたま在宅した私が応答すると、「息子さんが数学の宿題を出さないので困っている」とおっしゃる。自分が中学生だった遥か以前の記憶では、宿題を出さなくてもせいぜい先生から拳骨をいただくくらいだったので、まあ少し先生の愚痴に付き合う程度でいいだろうと高をくくって聞いていたところ、事態は結構深刻であることがわかった。

今や（２００７年当時の東京）学校の成績は何でも「絶対評価」で、教師の主観が入らないように宿題や授業中の発言がすべて点数化され、習得した内容ではなく「手を上げた」「提出した」という事実によって評価が決まるのだという。期末試験などは、全体の評価の四分の一にもならないそうで、たとえ満点を取っていても五段階で2になってもおかしくないのだ、と説明された。

もっと簡単に言うと、今の学校の内申書はファストフードのポイントカード状態になっており、宿題を出したり発言をしたりしてポイントをためると実力とはほぼ無関係に高い点数がもらえるという、ほとんど冗談としか思えない制度になっているのだそうだ。うちの息子などは、期末試験はまあまあではあるものの、宿題を一切出さないのでいつ2をもらってもおかしくない、と先生はおっしゃる。私が呆れ顔で聞いていると、こちらの職業を知っているからか、ふと声を潜めて、「だから実力はないのにまじめに宿題を出す女子がオール5になるんです」とおっしゃっていた。なんとオール5の娘のゾンビがいまや中学にまで復活しようとしているのだ。

で、その夜、息子に話をした。すると、彼は「今習っている数学の先生の教え方に僕は賛同できない。だから宿題を出さないんだ」と言う。そこで私は、今の学校の事情を話し、このまま成績が悪いと内申点に影響して受験にも不利に働くという話をした上で、最後の決断は君が自分ですることだから、ちゃんと決めなさい、決めたら先生に君の意向を伝えるから、と言った。すると彼は即座に「これからも出すつもりないよ。成績が悪くてもかまわない」と答えた。そこで、私は翌日担任の先生に電話をし、息子は「宿題を出さない」と言っている、と答えたところ、絶句された。

「でも、宿題出さないと内申が悪くなるんですよ？」

「それも説明はしました。でも、本人がそれでも出す気がないと言っているんです」

「でも、それじゃぁ」

「いや、先生。かまいませんよ。息子にはきちんと話しました。でも、彼にも言い分はあるのでしょう。もちろん、息子が正しいのかどうかは私にはわかりません、すべてのメリット・デメリットを理解した上で彼がそう決断したのだから、それを尊重してやろうと思います。もちろん、成績が不利になってもかまいません。ルール通りにやってください。その結果を受け止めるのも彼の自己責任ですから」

その後も先生はしばらく抵抗したが、私が息子の意思であることを丁寧に説明するとようやく納得してくださった。その後息子は高校を受験し、予想通り内申重視の国立には落ち、内申を気にしない私立に進学した。

したたかに戦え

このことが息子の未来にどう影響したかはわからない。彼は彼なりのやり方で大人に反抗した。もちろん、その正当性が彼の側にあったのかどうかは知る由《よし》もない。だが、どちらが正しかったにせよ、結果的に貧乏くじを引いたのは息子である。それが今の社会の現実だ。親としての私は、今でもこのときの息子の行動を支持している。その理由は別のところで書くつもりだが、それはともかく、ストライクゾーンを広げて自分の目で物事を見れば、時に大人の理不尽とぶち当たることは覚悟しなくてはならない。その時、私の息子のように損をしてでも突っ張るのも一つのやり方だが、いわゆる「死んだふり」をして「いい子」を演じるのも一つのアイデアである。そういう選択をする若者がいても、私はとても非難する気になれない。

いつの世でもそういうことはあるかもしれないが、ストライクゾーンの広い柔軟な自我を確保、維持するには、ストライクゾーンの狭い大人たちと戦う覚悟と戦略、したたかさが求められる。まあそれ自体が若者の知性を鍛えるともいえるが。

まず「自分を信じる」ことから始めよ

話がだいぶとっちらかってきたように見えるかもしれない。でも私の中では着実に一つのまとめへと向かっている。「ストライクゾーンの狭さ」「ありもしないものを求める」「コピーマシン」はおそらくすべて「自己不信」とリンクしている。こうした事柄は、互いに相互作用をしながら学習者を苦しめる。これが、私が前に「鶏が先か卵が先か」と言った所以である。

出来が悪いとき、人間は自分をなかなか信じることができない。すると自分以外の何かにすがろうとし、それに裏切られる経験を通じていっそう自己不信を強めてしまう。反対に、出来がよければ自分を信じることができ、結果的に何かにすがらなくなる。それがいっそう自分に対する信頼を深めていく。要はそのスパイラルをどちらに進むかなのだが、もちろん、放っておいたら自己不信の方に向かってしまうに決まっている。何しろ最初は出来が悪いに決まっているのだから。

そして、だからこそ、勉強を始めるとき、人は「やじろべえの精神」を必要とするのである。やじろべえは、決して静止しない。だが、決して倒れない。それは、やじろべえが何にもすがっていないからである。すがらないのは確かに「怖い」。その恐怖に耐えること、それが実は生きることなのだ。若い人々よ、考えてもみよう。世の中には、確定的な自信を持つことができる人など、一人もいないのだ。でも、人は一人で立たなければならない。だから、とりあえずでもよい、やせ我慢でもよい、まずは自分を信じることだ。他人の言うことは、どんな身近な人のものであれ、どんな権威ある人のものであれ、ただの参考意見でしかない。結論は、自分で出すのだ。もちろん間違うこともある。間違えたからといって、君の存在そのものが否定されたわけではない。間違えたときは、冷静にその原因を分析し、次に生かすのだ。いつも正しい人間などいない。揺れていない人間もいない。だが、揺れながら、それでも自分を一定の範囲に保っていく。そういうことを「自立」そして「自律」という。やじろべえはこの世で最もわかりやすく「自律」を具現化した存在なのだ。

若い人は批判されて当然だ

自信を持つ、ということとコインの裏表の関係にあるのが、「批判されることを厭《いと》わない」という姿勢である。だが、当然予想していることとは思うが、そういう人は極めて少ない。もちろんそれが大人、それも結構な歳の大人であれば、よしあしは別にして無理からぬことと思う。残り時間が短い人間に、自己否定を要求するのは、ある意味酷《こく》というものである。もちろんそれは改善をあきらめることと同値であり、本来的には好ましいことではないが、そうまでして改善を求めることを酷だとする判断にも一定の理解はできる、という意味でだが。

だが、若い人は、批判されて当然だし、それを正しく受け止めるべきだと思う。もちろん不当な言いがかりには論理的に反論してかまわないということは、すでに語った。だが、自己の現在を否定されることを恐れて、批判に耳を傾けないのは、成長を拒否する誤った態度である。

正直に言うと、最近は、本当に打たれ弱い人が増えた。そういう人を見ていて哀しいのは、少しでも自分を批判されそうになると、耳を塞《ふさ》いで聞こうとしなくなることである。特にその傾向は女子に強い。それにはそれなりのわけがあるように思う。

修業時代を無為に過ごしてしまう娘たち

いきなりでなんだが、十代後半の男子は、世の中からあまり重んじられないことに慣れている。声変わりを経験する前にはあんなにも「かわいい」とちやほやされていたのに、それもなくなり、むしろ知らない人から怪しむような目で見られることが多くなる。夜など（もちろん自分の）自転車で徘徊していると、何も悪いことをしていないのにいきなり警官に職務質問され、「君、その自転車誰に借りたの?」などと因縁をつけられる。そういう、一種悔しい経験を経て、男子は自分を磨くことが不当な扱いを逃れる唯一の道だと知るため、この時期にそれなりの努力をする。

一方、おそらく、女子はあまりそういう経験をしない。それどころか、大人の、それもたいていはおじさんたちに結構好意的な扱いを受けたりする。もちろんおじさんたちは単なる下心でちやほやしているだけなのだが、場合によっては女子はそれに気づかない。自分が有能だから大事にされているというとんでもない錯覚に陥るのまで出てしまう。そうして二十代をちやほやされていい気になっていると、やがて三十歳の壁にぶち当たる（のだそうだ）。それまで当たり前のように開かれていた扉が、突然閉ざされるのだ。そうなってから力をつけようとしても、それはなかなか難しい。

なぜ批判するのか

確かに、ちやほやしてくれるところと厳しい扱いをするところの両方があれば、ちやほやしてくれる方に人は傾くだろう。だからかもしれないが、私の授業は基本的に女子に人気がない（爆）。私はだめなものはだめだと明確に言うからである（一部に、それより容姿と性格の問題ではないかという異論があるがそれは黙殺することにする）。

だが、批判を嫌う人に言っておくが、私はその人物が未来永劫にわたりずっとダメな人であると言っているわけでは全くない。当たり前の話だが、本当にそう思ったら批判はしない。改善を望まず、改善が見込めないものに力をかけても無意味だからだ。だが、成長するためには、まず現実に目を向けなくてはならない。自分の現状を把握できなければ、正しい対処が取れるはずがない。ここでもまた「目の前の現象を正直に見る」ことはとても重要なことだと思う。

もちろん、「ほめられた方が伸びる」という説があるのも私は知っているが、それは「できないことをできるようにする」のには向かない方法である。何しろ「できていない」ことはほめようがない。「できていない」ことをほめるならそれは「嘘」であり、「嘘」は指導者の信用を失わせるだけである。そもそも、もし予習をして、それで全問正解（偶然ではなく）してしまうのであれば、その授業に参加する意味などないではないか。

やる気は本人の問題

「ほめないとやる気を出してもらえない」という異論に対しては、厳しい言い方になるが、「なぜやる気を出してもらわないといけないのか」と反論しよう。どんな勉強であれ、勉強は本人の問題である。その成果はすべて本人にのみ返るものだ。もちろん、真剣に努力しなければ成果は得られない。

前にもどこかで書いたが、あなたが飛行機に搭乗する時、あなたはその飛行機の機長がきちんとした訓練を自ら進んで受け、たとえ厳しいことがあってもそれを乗り越えて資格を得たのだと信じているのではないのか。それともその機長が、いつも訓練を嫌がってろくにやりもせず、上司と妻にあれこれとおだてられて形ばかりの訓練を行い、検査官の甘やかしとお目こぼしの結果形だけの資格を得た人であって、実はエルロンとエプロンの違いもわからないと想像しているのだろうか。冷たいことを言えば、やる気がないならやらなければいいし、その結果成果が得られなくても本人の自己責任でいいことではないのだろうか。

ただ、「ほめないとやる気を出してもらえない」という愚痴をこぼす人々の気持ちも一面わからないではない。つまり、「適切な指導」でなければやる気は続かないことを人は本能的に知っているからだ。ただしこれはあくまで指導の内容のことである。理屈も教えず闇雲に覚えろ、というような指導は確かにあまりにも非科学的で誤ったものであり、それでやる気を失うのは学習者の罪ではない。これは、すでに話したことだが、「適切な指導者」を選ぶことでしか解決できないことだ。

「やる気を出させる」ことは、本来指導者の業務の範囲外である。もちろん我々はいろいろな形で生徒のモチベーションを刺激するが、それはあくまで「サービス」であって、それによってより良く授業内容が生徒の頭に吸収されることが本来の目的である。やる気を出させることを授業の本来の目的だと考えるのは全くの本末転倒だ。

正しい方針＋自己責任

学習者の「やる気」については結局次の二つに尽きる。やる気の維持は学習者本人の仕事である。本来やる気のない者にいくら外から刺激を与えても、継続的で苦しい学習に必要な「やる気」を生むことはできない。一方で、やることによって能力を高める正しい方針で勉強を続けることが、「やる気」を継続する上では必要である。もちろん我慢は必要だが、我慢するだけで成果が出ないのではやる気を継続することは難しい。

「やる気」の持つ厳しい現実を象徴するのが、最近流行の（？）資格試験である。典型的なのは「公認会計士試験」だ。多分、文系の大学生のうち、経済系の学部に通う学生はかなりの割合でこの試験を受けて資格を取りたいと思っている。それを「売り」にする大学もあるほどだ。まあ、将来の就職云々を考えたら、資格の一つも取っておきたい、と思う気持ちはわからなくもないが、実はこの試験、かなりの難関である。最近試験制度が変わって多少合格率が上がったとはいえ、それでも10％程度か。もちろんこれは受験者の中でのことで、途中で受験をあきらめた者の数を入れるとかなり狭き門だといえる。

実際、私の周囲でも何人かが挑戦したが、合格したのは一人だけだ。そして彼が私の近くで試験勉強をしていたときのことを思い出すと、やっぱり他の人間とは「やる気」が違っていた。受験生とはいえ、もはや大人であるから、当然いわゆる人付き合いはある。だが、そうしてしたたか飲んだ後、彼は黙々と一人勉強をしていた。もちろん、飲む量をセーブすることを含めて、自分が何をするべきかを考え、それを自律的に実行していたのだ。こういうのを「やる気がある」という。

同じ試験を目指すどの受験生に聞いても、おそらく「やる気がある」と答えるだろう。だが、外から客観的に見ていると、本当に強いモチベーションがある人はごく一部なのだ。しかも合格に必要なだけのモチベーションは決して他から与えることはできない。きっかけが何であれ、それは自分の内側から出てくるものなのだ。出てこなければ、どうにもならない。本人にモチベーションがないのに、周囲が無理強いすれば、結果的にモチベーションを下げる方向にしか向かない。

原動力は……

私自身、子どもの頃は決して勉強が好きな子どもではなかった。まあ取り立てて他に特技もなかったから、両親はかなり心配していたのではないか、と今にして思う。せめていくらかなりとも知的能力がないと、くらいには思っていただろう。でも中学二年まではのらりくらりとその場しのぎをやるだけで、自分から勉強したいとは全く思っていなかった。のほほんと地元の公立中学に通い、「中学生になっても、近所の小さなお子さんを集めて毎日遊んでいる面倒見のいい息子さん」（近所の辛辣《しんらつ》でおせっかいなお母さん談）であった。

だいたい男の子などというものは、対抗意識の塊で、何か「自慢したい」ものである。何がきっかけだったかは忘れたが、中学二年になった私は「文学少年」になることでそれを実現しようとした。小学生の頃に読んだ本といえば「アルセーヌ・ルパン」くらいだったが、なぜか突然「読書」に目覚め、おかしな本を読み始めた。確かはじめに買ってきた本はサン＝テグジュペリの『戦う操縦士』だった。題名から戦争ものだと思って購入したに違いないが、実はかなり哲学的な本で、まるで意味がわからず、もともと読書好きだった母に爆笑された。だが、私とすれば本は多分何でもよかったのだ。休み時間にふざけて馬鹿をやっている級友を横目に、一人難しそうな本を読んでいる自分の姿を、クラスの女の子たちに見せつけたかっただけだろうと思う。もちろんそんな薄っぺらな芸に騙される娘もおらず、それでモテたという記憶はない。

秀吉の怨念？

転機になった事件は二つある。ひとつは、そういう見栄のための読書をしている中で、島崎藤村の『破戒』を読んだことだ。今にして思えば、テーマの重さを別にすればお涙頂戴の浪花節的小説だったが、なぜかやたら感動した。本を読んで涙を流したのははじめてであった。そして、そういう世界をもっと知りたいと考えた。

だが、それより（ばかばかしい話だが）もっと衝撃的だったのは、歴史の時間に起こったある出来事である（ばかばかしいので、あまり期待しないで読むように）。今ではどうか知らないが、その当時の中学校では、国語以外の科目でも先生が生徒を指名し、教科書を音読させるのが一般的な授業スタイルだった。各自読めばわかるものをわざわざ音読するのは時間の無駄のような気もする（大人になってからも、会議などで司会者が配ったレジュメの内容を一つ一つ音読していくのを聞くと、時間の無駄だと思うのは私だけだろうか。見ればわかるだろうに）が、そういうのが普通だったのだ。

で、歴史の授業中、安土桃山時代のところを指名されて音読した学生が「とよとみひできちは」と言うのを聞いて、私は一瞬耳を疑った。別に勉強して知るようなことではない。大河ドラマの「国盗り物語」を見ただけでも「豊臣秀吉」は知っているはずだ。「とよとみひでよし」だよ、「ひできち」じゃない。その時、その同級生には失礼だが、私はこう思った。「ここは自分のいる場所じゃない。少なくとも、もうこれ以上はいたくない。勉強しよ」

私が真剣に勉強するようになったきっかけはそれである。誤解しないでほしいが、私はその友達を軽蔑しているわけではない。もしかしたら、彼は今私などよりはるかに有意義な日々を送っているかもしれないではないか。ましてや人間の値打ちを学力で判断しようとも思っていない。ただ、他に芸も能もない私には、知的な世界で勝負するしかなかったわけだし、そのためにはもっと別の場所を選ばなくてはならない、と私はその時はっきり悟ったのだ。

今の自分と違う自分を

私自身の「やる気」のきっかけは、正直他人には冗談にしか見えない程度のものであろう。だが、それでも、何らかの意味で「今の自分と違う自分」を真剣に希求しない限り、本当のやる気は出てこない。だから、もし真剣に合格を目指すのなら、切羽詰まった動機づけを自分に課すことが必要だと思う。いや、「必要」というより、そういう動機づけが見つからない限り、「やる気」を出すことは不可能である。そして、そういう動機づけを他から与えることができないことは言うまでもない。私が「子どもを起動させるのは中学生まで待て」というのはこのあたりにその根拠がある。

親と言えど本人と言えど待つしかない

だから、学習者本人としても本当の「やる気」の上げ潮を待つ以外、やる気を出す方法はない。むしろ、本当にやる気になるまでは、勉強を始動しない方が賢明だという考え方もある。禁煙と同じで、こういうことも、繰り返しやるうちに、「決意している自分」に酔ってしまい、決意しただけで満足してしまうようになるからである。決意には習慣性があるのだ。禁煙を決意し、墨で黒々と「禁煙」という字を書いて、それに満足して一服してしまうマンガがあるが、決意もそれと同じ。あまり何度もしていると、決意なのか妄想なのかの区別がつかなくなる。

前作に書いた司法浪人たちにも多分にそういう傾向が見られた。試験のために何年も無為徒食でいるのは辛いことだが、「試験のためにがんばる」と決意するだけで、そういう自分が正当化できてしまうのだ。そういう彼らが「目を覚ます」のは彼らを支えてくれていたやさしい女性(たいていの場合、看護士だ。やはり彼女らの母性本能は只者ではない)が、妊娠した時だ。いや、本当に女は偉い。それまで「私がこの人を立派な法曹にするの」と決意していた彼女たちが、妊娠したとたんに「母」となり、生まれてくる赤ちゃんのためにあなたはしっかり働きなさい、となる。これを跳ね除《はの》けて司法浪人を続けるだけの「やる気」を持つことはほとんどどんな男にも不可能である。だから彼らは頭を垂れて、塾講師としてしゃにむに働くことになるのだ。その結果、司法試験には成功しなかったが、立派な教師になった男は数多い（断っておくが、私は違うよ）。

そうこうしてようやく本来の「やる気」を出したとしても、勉強という山にはまだ他にも魔物が住んでいる。登山は登り始めが最も辛い。鋭敏な読者なら気づいたことと思うが、そう、これで話は元に戻った。というわけで、学生向けの話は完結である。

第二章　指導者・出題者への言葉

指導者と出題者、この二つのカテゴリーを分けるべきか否か、最後まで迷った。今も迷っているといってよい。というのは当然この二つは同じ人物が担うことが多いが、かといって必ずしもそうでもないからである。たとえば高校の教師は、高校受験の出題者になることはあるが、大学受験の出題者になることはない。だからまとめて書いたほうが合理的な気もするが、分けて書くほうがいい場面もくるかもしれない。やってみないとなんとも言えないので、まあとりあえず始めてみよう。

全体像を把握させる

ある分野の学習を指導し、その成果を確認するための試験をするには、少なくともその分野、科目に精通している必要がある。何を聞いてもキッチンに下がる居酒屋のアルバイトの例は論外であるが、少なくとも一般人よりはその事柄に詳しくなくてはならない。ただ、「精通」の意味を取り違えている専門家も多い。

私自身も経験のあることだが、全体とは無関係な枝葉末節《しようまっせつ》の知識を嬉々として語る専門家というのは実は数多い。ましてやそういうマニアな知識を問い、誰も答えられない姿を見て悦に入っているのに至っては、噴飯ものとしかいうほかない。私の言う「精通」とは、そういう重箱の隅をつつくような微細かつマニアな知識を盛大に持っている、という意味ではない。その分野、科目の「全体像」を掌握し、それを解きほぐして、どういう手順で伝えていけば、学習者を正しく導けるかを知っている、という意味である。

これまでも繰り返し書いてきたことだが、ある勉強を始めようとしたとき、当たり前だがその全体像を知ることはできない。だから、間違った出発点からはじめたり、間違った経路を通ったりすると、いわゆる「群盲象を撫《な》づ」状態になって、結局学習者の側に全体像がいつまでたっても見えてこない、という結果を招く。そこで、学習者がより正しく、かつ短期間に全体像を掌握できるように学習を導くことが指導者の仕事であり、それこそが指導者に最も求められる資質である。

問題は「全体像」をどうやってつかまえさせるかである。何しろ相手は最初の段階で全体はおろか何も見えていないのだ。こちらが何も考えずに片端から教えていくと、個々の知識が有機的に結びつかずに時間の経過とともに抜け落ち続け、注げども注げども満水にならない穴の開いた盥《たらい》状態になってしまう。しかも相手は人間だから、それを続けていると必ず途中で嫌になる。そうなってしまうともうこちらの話を聞いてくれない。

「遠近法」を使ったカリキュラム構成

そこで私は、「原則優先例外後出し方式」という古来の方法を正しく踏襲していくのがやはり一番現実的だと思う。ここはむしろ学習者にも、そういう昔からの指導法を正しく利用することを勧めておきたい。

「原則優先例外後出し方式」などと名前をつけると、まるで私にオリジナリティがあるかのようだが、そんなことは全くない。これはきわめて古典的な、しかもとてもよくできた指導法である。その基本思想は一種の「遠近法」である。物事を遠くから見ている時にはその全体像が見えるが細かな点は見えない。知識を与える時、まずそういう全体像がなるべく早く見えるように情報を取捨選択した上で教えるのである。

もちろん科目によって諸事情あるだろうが、まず全体をコンパクトにまとめて一目で見える範囲に全体像を収めることを目指すのだ。素人考えで笑われるかもしれないが、日本の歴史のような「時系列的整理」を考える時には、それこそ「大化の改新→鎌倉幕府成立→明治維新」という三つの節目だけをまず教える、という感じである。そのあとで、より具体的に各パーツの中を見ていく、というようなやり方をイメージしてほしい（素人がこんなことを言うのもなんだが、今の高校の日本史の授業は、単に時系列に教えていくだけであることが多いようだ。するとたいてい近代以降が時間不足で駆け足になる。最近の大学受験事情では、近現代史がよく出題されるものだから、近代以降は別カリキュラムで教える、という体制をとるところも多いと聞く。だが、一つの時間の流れである歴史を、二つの時代を同時並行で教わるのは、小説の上巻と下巻を同時に読むような違和感がどうしてもある)。

どんな科目であれ、そういう「全体から細部へ」という流れを常に意識してカリキュラムを組むことが重要である。

原則優先例外後出し方式

英語など「あるシステムの現在の姿を理解する」タイプの科目の場合、どんな分野の知識にも「原則」と「例外」があるので、はじめはまず「原則」だけを教える。そのときのコツは、その原則が「常に当てはまる」と学習者に思わせることである。もちろん、全体を知っている指導者の目から見れば、それは「嘘」である。だが嘘も方便。原則を正しく理解させ、それをうまく運用できるようになるまで、学習者にはその原則だけで何でもうまくいくように思わせる。テキストはこちらが用意するものだから、そういうことは比較的容易にできるはずだ。そして、原則が学習者の頭の中に十分浸透して、それが揺らぐことがないようになった頃あいを見計らって例外を提示する。

もちろん「原則でうまくいかない」ということは学習者に衝撃を与えるが、同時に、「原則でうまくいかない」ということ自体が、それの例外的知識を利用するきっかけとして学習者の中に正しく記憶される。例外が複数個存在する場合には期間をおいて例外を小出しにする（このあたりが、私のような予備校の講師から見ていると塾や学校のうらやましいところだ。何しろ予備校は一年でゼロから完成を目指すので、原則を教えたら次の回でしゃあしゃあと例外を話したりしなくてはならない。これは「原則の定着」という視点から考えるとあまり得策とはいえない。だが時間のない予備校では仕方がないので原則と例外の関係をしつこく話しつつさっさと例外を登場させざるを得ないのだ）。

違和感が例外把握の鍵

この過程の中でもっとも大切なのは、原則を教えたら、学習者に繰り返し確認させ続けることだ。何しろ、ここでの定着がないと、例外を見た時に違和感を感じてくれないので、話が先に進めにくくなる。学習者の側から言うなら、指導者に原則を教わったら、その項目が出てくる度に愚直にその原則を当てはめてみるべきである。そうすることによって、原則は定着し、またそれに違和感を感じたときに指導者に質問できるからである。

私の教える英語の世界では、冠詞の the について次のような原則がある。「the はすでに出てきたもの、その場にあることが明らかなものを指す時につける冠詞だ」。このルールはごく初学者のうちに教わるが、私の見るところ、教わった人のほとんどはノートをとったことに満足してそれを忘れてしまう。だから、その原則と食い違う the が出てきても一切違和感を感じず、したがってそれについて指導者に質問したり、自己解決したりする機会を失い続けている。これはもちろん学習者に非のあることではあるが、そういう状態を放置しておくのは指導者が怠慢と言われても仕方がない、と私は思う。教えた原則を絶えず意識化させ、それを利用して物事を考えていく中で、いずれ出てくる例外を発見できるだけの違和感の基礎を与えておくことが、初学者に対する指導者の誠実さの一つである。

おぬしはぱふぱふを知っておるか

一方、学習者から原則と食い違う指摘を受けたり、原則の背景にある理念などについて質問された場合、指導者はそれに対して誠実に対応すべきである。ただし「誠実に対応」は何でも説明することを必ずしも意味しない。学習者の現在の状況・能力に照らして考えれば、説明しても無意味なことはかなりある。

たとえば、小学校四年生の子どもに「円錐の体積は円柱の体積の三分の一だ」という原則を教えたとき、「なぜ三分の一をかけるんですか」と質問されてもおそらく答えようがない。それを理解するには積分に関する認識が必要だからだ。だから、説明は不可能ということは事実存在する。だが、そういうときに、「そういうことは考えなくていい」というような答えをしたり、例外を指摘されたときに「そういうこともあるんだ」などという答え方をしたりするのは最も避けるべきである。「考えなくていい」ことなどは存在しないし、「そういうこともある」のなら原則自体が意味を成さなくなるからである。学習者の現在に合わせてなるべく丁寧に対応する必要がある。

私が学生諸君にする話の一つに、「英語の受験勉強はドラクエ（子どもに人気のビデオゲームの名前）に似ている」というのがある。ドラクエやそれに類するゲームは一種の成長物語である。ある日森の中で主人公が目覚めると、世界は呪われている。このままでは闇の世界に包まれてしまう。そこで、主人公は旅に出るのだが、最初はレベルも低く装備も貧弱で、一言で言うなら、弱っちい。だがその段階では敵もスライム程度の弱い連中なので、傷を負いながらも何とか戦いに勝ち、ゴールドと経験値を得る。町に帰ると武器と防具の店があるので手に入れたゴールドで装備を改善し、再び戦いに出る。また、森の中で怪しい森の仙人に出会い、話しかけると問題解決の鍵や、新しい魔法の呪文を教えてもらえたりする。そうして装備とレベルを向上させ、最後は敵の大将に勝って世界をその呪いから解放する、というストーリーである。だが、こういうよくできたゲームソフトにもバグ（というよりは設計上のお遊び）があり、本来ならレベル10になって入れるはずの森にレベル3で迷い込んでしまうことがある。そこにいる敵は信じがたいほど強く、主人公はなすすべもなく死んでしまったりする。だが、たまたま敵にあわずに森をさまよっていると、森の仙人に出会うことがある。何かいいことを教えてくれないかと期待して話しかけると、「おぬしはぱふぱふを知っておるか？」などという意味不明なことを言われてがっかりする。ダメだこの爺さんは使えない、そう思ってすごすご引き返す。で、レベル10になって改めて同じ森に入ると、今度は敵と互角に戦うことができる。森の中で同じ爺さんに出会ったとき、「こいつはきっとぱふぱふとしか言わないだろうなぁ」と半ば諦めつつ話しかけると今度は「北の祠《ほこら》に勇者の剣があってな」などと、進行上重要なヒントをくれる。ゲームを作った人間が、予め必要な段階で必要な情報を教えるように設計しているわけだ。

この話をした後で私は学生諸君に言う。「君たちもドラクエの主人公と一緒だ。君が英語の森で目覚めると、どうも世界は呪われているらしい。このまま行くと君の世界は浪人という闇の世界に包まれてしまう。そこで君は世界を呪いから救うために立ち上がり、今まさに旅に出たのだ。最初の敵は弱っちいから、そこそこには戦える。そうして武器と防具の店（そこには「代々木ゼミナール」と書いてあったりする）に行って装備を充実させ、森の仙人（私のことだ）に会って情報を得る必要がある。だがね、今君はまだせいぜいレベル3くらいだ。その君からレベル10の内容を質問されても、『おぬしはぱふぱふを知っておるか』としか言わないよ。だって今教えても何の役にも立たないし、迂闊《うかつ》に今その呪文を使うと自分が死んでしまうかもしれない。そもそも理解できないかも。だからまずレベル10を目指すことだ。そこまで行ったら、次を説明してあげるよ」

こう言われて、「けち」という顔をする生徒も確かにいるが、場合によっては教えないことも誠実さである。

コンパクトにやわらかく

指導者に求められる資質の第二は、学習者が得るべき知識の必要条件、すなわち「コンパクトで統一されていること」「例外が少なく、あっても対処しやすいこと」「融通が利くこと」を実現できる力量である。具体的には、何を教え、何を割愛するかという取捨選択にそれは表れる。先にも触れたが重箱の隅をつつくような知識は、教えてもほとんど意味がない。たとえば英語で「菊」は a chrysanthemum だが、この単語を知っていて正しく綴れたからといって実際の英語の運用にはほとんど役に立たない。もちろん植物研究などの分野を極めようというのであれば別だが、通常の言語運用の範囲では知識として持っていることに何の意味もないのだ。正直に言うが、ここに書くために私はネット辞書で綴りを確認した。そういう細かい知識以外にも、覚えていても仕方のない知識がある。それは「使い道の限られる知識」だ。重要で広範囲な使われ方をする英単語を一つの訳語で教えてしまう、などがそれに当たる。

たとえば英語の前置詞 as は、多くの場合「～として」という意味だと教えられる。この教え方は不適切である。こう書くと、「～として」は誤りなのか、という反応が返ってくることが多いが、私は「誤り」だとは言っていない。「不適切」だと言っているのだ。なぜかというと、「～として」という訳語で覚えてしまうと、その訳語でしか使うことができなくなり、His classmates regarded him as a liar を「彼の級友たちは彼を嘘つきとしてみなした」などという奇妙な訳がまかり通ることになるからである。では、前置詞のasはどう認識すればいいのか。簡単である。前置詞のasは「イコール」という記号だと思えばいいのだ。この認識の優れている点は、特定の言葉になっていないため融通が利くことだ。

たとえば上のような例でも、him = a liarなら「彼は嘘つきだ」であり、「彼は嘘つきだ、と彼の級友たちは思っていた」ならまともな日本語になる。もちろん、前置詞asが他の使われ方をしていても、「イコール」を中心概念としてやわらかくとらえれば、必ず適切な表現の仕方が発見できる（それが結果的に「～として」であるとしても）。

自然な感覚

これに関連することとして指導者の必要な資質のもうひとつが、自然な感覚にきちんと目を向ける、ことである。これは学習者で言う「目の前の現象を正直に見る」に当たる。英語に関する話が続いて恐縮だが、英語では特にその点が問題である。先ほどの英文の訳「彼の級友たちは彼を嘘つきとしてみなした」は明らかに日本語としておかしい。だが、ほとんどの学生がそう訳すことを見ると、おそらくその日本語訳そのものを教師に教わっているのは明らかである。

もっと明白なのが次の英文の和訳。The vase was broken by Tom.これを日本語に訳させると、日本全国津々浦々、どこに行っても学生は同じ訳をする。それは「その花瓶はトムによって壊された」である。誰がどう考えてもこの日本語はおかしい。にもかかわらずこの訳が学生の間で横行しているのは、そう訳すようにと誰かが、いや誰も彼もが教えているからだ。なぜみんな無反省にこういうことを教えるのか、本当に不思議でならない。私は常々生徒に惰性でものを考えるな、と言うが、同じことが指導者にも言えるのではないかとひそかに案じている。

オレとちがう？？？

これに関連して一つ思い出したことがある。英語の often は「しばしば」という訳語で教えられることが多いようだ。だが、考えてみてほしい。我々は日常生活において「しばしば」という日本語をしばしば使うだろうか。硬い文章ならともかく、日常生活の中でそんなことを言う人に会ったことがない。一方、英語の often は極めて日常的に使う。Bob often goes to the library after lunch. などという表現は英語ではごく普通なのだ。ところがこれを学生に訳させると「ボブは昼食後しばしば図書館に行く」とやるのである。こういう「日本語だと頓珍漢《とんちんかん》」なものを正しい訳だといって押し付けるから、学生は英語嫌いになるのだ。でも、そのことがこの話の中心ではない。これはあくまでも枕である。

で、私自身は生徒に対し、often は「頻度が高い」という意味だから、「～が多い」とか「よく～する」などと訳した方がいい、と教えることにしている。するとある時、真面目そうな女子高生がやってきた。

「先生、often を『よく～』と訳したら学校の試験で減点されました」

「え？　そりゃ申し訳なかったねぇ。でもそっちの方がいい訳だと思わないか？」

「そうですよね？　だから学校の先生に言ったんです。『よく〜』と訳した方がいいんじゃないですか、って」

「そしたら先生は何ておっしゃったの？」

「確かにそっちの方がいい、って。」

「じゃあマルにしてもらえた？」

「だめですって」

「なんで？」

「オレが教えた通りじゃないから、って」

これを聞いて、その生徒には申し訳ないが笑ってしまった。だが、考えてみると笑いごとではないのだ。学校ではこういうことが「しばしば」横行している。成績とはその学習者の持っている能力の証《あかし》のはずである。いったいいつから「教師への忠誠心の証」になったのか。学校教育では、教師は確かに権力者だ。その人物の評価が内申書に直結するからである。そういうことがあるから、生徒は学力を伸ばすことより成績を上げることに熱中するようになる。結果、成績はいいが何もわかっていない子どもが大量生産される。仏作って魂入れずとはこのようなことを言うのだ。これについては稿を改めて書くつもりだが、内申書のあり方を変える、いやもっと端的に言うなら、教師にそういう権限を与えるのをやめてはどうかと、もともとそういう権力のない受験業界の一講師である私などは思う。

必然性と再現性

教える内容に関して指導者の資質として特に重要なのは、教えることに「必然性」と「再現性」があるかどうかを常に自分に問いかけることである。どの分野の勉強でもそうだが、その知識体系の根幹を支える知識は、どうあっても理解させなくてはならない。それには理解するだけの必然性がある。しかも、その知識は、その系の中で動く限り、常に参照され、利用され、依拠されるという再現性がある。どんなに興味深く面白いと個人的に思っても、それが知っている必然性と再現性のないものなら無視してもかまわない。

またまた英語の例で恐縮だが（何しろそれしか知らないので）、companyという単語の語源はcom「一緒」＋pan「パン」＋yで「一緒にパンを食べる」であるが、これは覚える価値がある。というのも、「一緒にパンを食べる」ということは「親しい付き合い」があるという意味であり、場合によっては「運命を共にする（同じ釜の飯を食う、と同じ発想）」にもなり、それが場面ごとのcompanyの意味を正しく把握するのに必要だからである（他にもcom「一緒」はcommonなどの単語でも使われる）。一方、tragedyの語源は「羊の歌」であるが、これは覚えても意味がない。確かに、古代ギリシャの逸話を元にしたこの単語の成り立ちは一部のマニアには興味深いかもしれないが、それを知っていてもそれを使って何かができる、というわけではないからである。詳しく話せば「へぇ」という反応は引き出せるかもしれないが、だからどうした、という程度のことでしかない。だから company は語源にこだわって教えるべきだが、tragedy は comedy と反対語、ということに焦点を当てて話すだけにするのがいい。

男は先生に向かない？

「必然性」と「再現性」に絡んで、単純に指導内容、という視点とは異なるが、指導者、それも男性指導者の持つ心理的問題点にも触れておきたい。その問題点とは、ほかならぬ「男性」であるという事実である。遺伝子決定論にどのくらいの正当性があるのか私にはわからないが、その手の本をひもとけば「男は自己の優位を確保するように行動する」という話が出てくる。もしこれが事実だとすると、男性には指導者になる上で一つ重大な欠点があるといえる。それは、学習者が自分を越えることを好まない、という性質である。

男性の持つこの性質の一端を垣間見る最もわかりやすい例は小学生くらいの男の子に「なぞなぞ」を作らせてみることである。おそらく、かなりの割合で、「誰にも解けない問題」を作るはずだ。手がかりやヒントが正しくなく、問いを設定した人間以外解けないという代物《しろもの》である。もちろん、誰にも解けてほしくないのだ。誰にも解けない問題を作った自分が一番偉いからである。ひどく子どもじみて単純だが、それでもこれは「男性」の基本的な行動原理である。もちろん、大人になり、ましてや職業として何らかの知識や技能を伝授する段になれば、さすがにそういう自分を子どもじみているとは思うだろうし、あまりに無体なことはしなくなる。

だがそれでも、「教えてやらないから盗め」という言葉はいまだにアカデミックハラスメントの例ではなく、むしろそうでもしなければ身につかない特殊で有益な能力を指導者が持っていることを誉めそやす文脈で使われる。手先や何らかの身体的機能を利用する技術と違い、頭脳を使って行う知的な分野では、単に「盗め」ではさすがに通らないから、指導者はもちろん具体的内容を教えることを求められる。だが、それでも肝心なことさえ大して教えずに、「後はたくさん練習して慣れろ」などという無責任極まりないことを平気で言う指導者もいると聞く。

習ってから慣れよ

英語には Practice makes perfect. ということわざがある。これは一般に「習うより慣れろ」と訳されているようだが、それは誤訳である。いや、「間違えて」いるのではなく、日本における教育に対する指導者の視線を図《はか》らずも表している訳語である。原文の英語では、Practice「練習」が makes perfect「完璧な状態をもたらす」と言っているだけである。

嚙み砕いて言うなら、習っただけではできるようにはならないから、習ったことはしっかり自分のものに定着するまで練習しろ、という程度の意味だ。それには私は完全に同意する。先生の話を聞いてノートに写していればそれだけでできるようになると信じている生徒がよくいるが、そんなはずはない。他人がやるのを見ているだけでできるようになるはずはない。ホームランの打ち方を教わっただけでバットを一度も振らずにホームランを打てるようになるはずはない。素振りをし、打席に立って何回も三振を経験する中で、はじめてホームランは打てるようになるのだ。

だから、教わって理解できて「から」練習することには私は異論はない。だが、習う「より」慣れろは意味がまったく異なる。習う「より」というのは、「習わずに」という意味だ。教わらずに、何でもいいから見よう見まねでやってみろ、ということである。他に方法がないならそういうやり方もあるだろうが、指導者がいるならそんな不効率なことをしなくても、やり方を教わった上でやるのがいいに決まっている。それなのに「習うより慣れろ」という言葉が横行するのは教師の側が、教えるのを面倒くさがっていることの表れである。

何のために教えるのか

ただ、正直その程度ならかわいいものだ。一番始末が悪いのは、教えることは教えるのだが、その背景にある本当の意図が、学習者の能力を伸ばすことではなく、「自分が正しいことを証明したい」というタイプの指導者である。

こういうタイプの指導者は理屈には長《た》けているので、一見非常に有能に見える。事実本人の能力はかなり高いことが多い。その種の指導者の最大の問題点は、指導内容を選択する時、多くの場合本人も無意識のうちにその力点を、生徒の学力を伸ばす方向にではなく、生徒や場合によっては他の指導者に対する自分の優位性を保つことに置いてしまっていることである。その人物の作る世界は現実に極めて近いが、ほんのわずかにずれている。そのずれは、その指導者にしか認識されていない。学習者はその世界を何とか受け入れようとするが、ほんの少しずつ現実とずれているので時折その隙間にはまり込んで、決してすべてを正解できるようにはならない。無意識ではあれ自分がその世界を作っている指導者本人にはその世界と現実とのずれが見えているので、指導者自身はその隘路《あいろ》にはまり込むことがない。結果として、常に指導者は学習者より優位にいられる。

男性指導者（もちろん、女性はそうではない、という意味ではない。ただ、前にも書いたように、女にだけはなったことがないので、女性の内面については憶測しかできないだけだ）、それも有能な人物ほど、こういう傾向を持っている。そう、まさしく「傾向」である。ちょうどほんの少しだけ水平からずれている床のようなものだ。一見水平で磐石《ばんじゃく》に見えるが、気づかぬうちに少しずつある方向にゆがんでいく。

問題を複雑にするもの

学習者の側から見たとき、どうすればこのようなゆがみの被害を避けられるかが問題だが、それは「指導者を一人に限定しない」という方法で比較的容易に回避できる。どんな場合でも、セカンドオピニオンは貴重である。もちろん、セカンドオピニオンの方が必ず正しいというわけではない。だが、本物の視覚でもそうであるように、右目と左目に映る映像が少しずつずれているからこそ、両目で見るとものが正確にかつ立体的に見えるのだ。

つい先ほど私は「容易に」と書いたが、これはあくまでも学習者が精神的自由を確保していれば、という前提での話である。だが、困ったことにこの「指導者からの精神的自由」がなかなかどうして一筋縄では得られないものなのだ。

これには二つの要因がある。一つは学習者はその勉強分野に関して苦手意識を持ち、そのせいで自己不信に陥っていることが多いということだ。そういう場合、学習者は指導者にすがりたがる。そりゃそうだろう。何しろ自分を解決不能な泥沼から救ってくれる（ように見える）のだ。頼りたくなる気持ちもわからないではない。心理学用語では感情転移というらしいが、そういう一種の心理的依存状態は、特に「弱い」学習者にありがちな催眠状態である。教育業界では触れること自体がタブーとされる「男性教師と女子生徒の間の疑似恋愛関係」は実はかなり普遍性のある現象なのだ。

完璧でありたいワケ

もう一つの要因は、第一の要因を指導者が利用することである。自分の中にほんのわずかではあっても「ゆがみ」を抱える指導者は、ほとんどの場合そのことを自覚しており、したがって「他と比較されること」を嫌う。他と比較されれば、そのほころびが見えてしまう確率が上がるからだ。偽善的職業を持つすべての人がそうであるように、そういう指導者は学習者を囲いこもうとする。他を見せなければ、その指導者は完璧に見え続けるからだ。

だが、私に言わせれば、神ならぬ身の完璧なはずはない。私を含めすべての指導者には誤解や誤謬《ごびゅう》の危険がある。それどころか「何も間違うな」というのは、その人物に「死んで仏になれ」と言っているに等しい。だから教師たるもの、全員間違えた過去がある。私などは、人生そのものが間違っている可能性があるが、本人は今のところ気づいていないほどだ。

ただ、もちろん指導者にとって、「間違う」ことはかなり体裁《ていさい》の悪いことである。その点、世間の目は我々のような種類の職業の者にはかなり厳しいといえる。野球では10回打席に立って3回ヒットを打てば大打者なのに、教師が99%正解していても1%間違うと、無能呼ばわりされる。そういう事情もあって、指導者の中には自分が完璧であることにこだわる人が多くみられるのだ。

指導者自身の側から見て、この問題を完全に回避するのは難しい。何しろ、学習者には自分のことを信頼してもらうことが重要だ。だから、自分は常に正しい、という意識を持つこともその意味では必要なこともあろう。だが、当たり前だがそれは常に「独善」に陥る危険性を秘めている。それを回避するために重要な鍵が、先ほどから繰り返し語っている教えることの「必然性」と「再現性」である。この二つを絶えず意識して指導をすることで、生徒を隘路に落とし込まないですむ可能性が高まる。なぜそれを教えるのか。なぜそうやって教えるのか。そういうことを絶えず自分に問いかけることで、自らの言葉の中にある独善に気づく。私自身、これまで何度もそういうことがあった。

馬鹿げた質問は宝の山

そしてもうひとつは、学習者の言葉に適切に耳を傾けることだ。私自身これまで何度も、生徒の質問に教えられてきている。もちろんそういう質問の中には対抗心丸出しでこちらのあらを探そうとする意図が見え見えなのもある。そういうものの中にも貴重なものもあるが、むしろありがたいのはびっくりするほどばかばかしい質問である。そういう質問こそある意味宝の山だ。そういう質問は、つい自分の構築した世界に安住しがちな自分の思考に、風穴を開けてくれる効果がある。その意味で、生徒諸君は私にとっては対等な存在だ。知識や知恵の多寡《たか》にかかわらず彼らが発する言葉は、時に非常に刺激的だからだ。正直私の仕事は毎年生徒が入れ替わるため、私が聞かされる質問の99%は、すでに聞いたことのある質問である。だがそういう中に、ほんの一握りではあるが、実に刺激的な質問がある。これは誰にでも言えることだが、異物の中にこそ自分を成長させる鍵があると言ってもいい。

目指すは「抽象化の獲得」

もうひとつ、指導者が必ず持つべき資質がある。それは、常に学習者の抽象化能力を高めようという意識を持つことである。抽象化とは「表面が違ってみえるものの中味の共通性に気づく」

ことである。この具体的内容と意義については前作に詳しいが、この能力を高めておくことが、「観察力」を高めるという過程を通じて学習者の知的レベル向上に最も寄与するのだ。

いわゆる普通教育では、小学校から高校、果ては大学に至るまで、学習者はこの能力の向上を図り続けているだけだ、といっても過言ではない。個々の科目はそれを多角的に引き出し向上させるための材料にすぎないといってもそれほど大きく事実とは食い違わないはずだ。だが、指導者といえど、正しい認識を持っていないと、単に目の前の知識を与えるだけで、学習を通じて抽象化能力を高める、という全教科に共通の第一の目的を見失ってしまうことがある。

では、どうやって「抽象化能力を高める」ことを実現するか。そのためには抽象化のヒントを豊富に含んだ多様な実例を与えていき、その中にある「必然性」と「再現性」を学生に意識させ続けることである。そのためには、前作第一部に示したような問いの持つ特質、そして第二部に示した抽象化のあり方をよく理解し、そこで得た考え方をまさに抽象化して、臨機応変にその場面に応じた例などを学習者に示していくことが重要だ。その意味において、指導者は教科の指導者であると同時に抽象化のよりよき実践を通じてそれを学習者に指導することが必要である。

慣れか発見か

考えてみれば、単に「観察力」を生徒に教えることはできない。何に気づき、それにどう対処するかは事前に決まっているわけではないからだ。もちろん頻度の高い観察のポイントを教えて、それに対する警戒心を向上させるという「堅実な」方法もあるが、でもこれは勉強を再び慣れと惰性の世界へ導きかねない危険性を持つ諸刃《もろは》の剣《つるぎ》である。目標とする達成度がそれほど高くないならば、それを徹底するだけで成果は上がるが、本当に高いレベルでの成功とは時に相容《あいい》れない。何の前提もなく、ただ目の前の現実だけを見て、誰からもヒントを与えられずに、これまでに知っていることとの共通点を見出し、そこを突破口にして、表に見えていない事柄の本質を見出すためには、むしろ「慣れ」は邪魔でしかない。

実際、出題された問題を見ていると、「慣れ」と「発見」をどのようにさじ加減するかで、難易度が変わってくる。大雑把にレベル分けをすると「慣れ」だけで解くものが「低」レベル、「慣れ」でも「発見」でも解けるものが「中」レベル、「発見」で解くのが「高」レベルである。このことは大学受験の場における一見おかしな現実と見事に符合する。東大に合格する学生は早稲田・慶応の入試を、特に準備なしで受けてもほとんど合格する。反対は(科目数の問題を別にしても)ほとんどない。早稲田・慶応では高得点を取る学生でも、同じ科目の東大の入学試験問題の得点は高くないときが多い。

一方、東大に合格する学生に、レベルのかなり低い大学の問題を解かせると、妙に点数が低いことがある。実際に受験したらおそらく不合格だ。こういうねじれが起きるのは大学のレベルとそれに応じて問う問題の種類が「慣れ」か「発見」かがはっきり分かれている証拠である。

「できる」のからくり

世に言う「できる」学生は実は単に「慣れ」によって見かけの能力が高まっているように見えるだけの場合がかなり多い。そして「慣れ」を高める方向でしか指導をしていない教育機関もかなりある。

前にも書いたが、「慣れ」を教えているだけでも一部に「発見」という新たな方向を自ら見出して成功を収める学習者も出るし、たとえば大学などの全体としては門戸の広い試験（最近ではいわゆる「全入」だ）では、「慣れ」だけで成功する学校もかなりあるので、単に「結果を出す」だけなら「慣れ」しか教えない教育機関にも一定の存在価値がある。だが、中学高校大学受験でも本当に高いレベルの成功を目指したり、司法試験・会計士試験など合格率の低い試験を目指している場合、「慣れ」だけで対処する教育機関では成功率は決して高くならない。

いや問題は単に試験の成功率だけではない。本来的な意味でそのかけた労力にふさわしい成功は、試験の成功云々ではなく、物事を冷静に見て何かを発見しうる能力を身につけることそれ自体なのだ。だから、単なる「慣れ」を乗り越えて、目の前の出来事を抽象化し、そこから正しい観察と発見を得るだけの能力を与えようとすることが、指導者の持つべき良心である。

走れメロス

指導者を経験した人なら誰しも身に覚えのあることだが、私も教壇の上で、メロスのような心境になることがある。知っておられるだろう、太宰治の『走れメロス』。退廃的な作品が多い彼の小説の中で、妙に倫理的なこの小説はほとんどの国語の教科書に採用されている名作である。かいつまんでその内容を説明すると友人を助けるために走り続けるメロスが、途中疲れ果て、一度は自暴自棄になって友人を助けることを諦めかけるが、冷たい水を一口飲んで我に返り、無駄かもしれないと知りつつ最後まで走り続けて友人を助ける、というまあお涙頂戴の美談だ。で、授業中私がメロスの心境になるとはどういうことか。

英語の授業のほとんどが、まず本文を読むことから始まるが、一つの英文を読むにも、実は多くの「発見↓知識参照↓判断」というプロセスが含まれている。厳密に言えば、ワンセンテンス(文章ではない、一つの文である)を目で見てからその意味をたとえば日本語で言い表すまでの間に十以上のそういう判断を求められる場合がある。

だが、正直生徒のほとんどはそのうちのそれも重要ないくつかに、気づいていない。気づいていないのだから、説明しないで単にさりげなく訳語にそれを反映させても、彼らは疑問に思わないはずである。教える前からそれはわかっている。しかも、そういうことを発見することから始めて、知識の提示、判断へのプロセスをすべて語っていくとかなりの時間がかかる。そうすると「あの先生は進度が遅い」だの「説明が長い」だのと悪い評判が立つ。むしろ説明を割愛《かつあい》してさっさと進めば、何も飛ばしたとはわからず、テキストは進むので生徒の評判もむしろいい。

だからこそ、走れメロスの心境なのだ。ここで何も説明しなくても、生徒の意識の中では何も損はしない。何しろ気づいていないのだから。むしろ説明しない方が自分の評判もよくなる。いっそ無視して行ってしまおうか？　だが、そこで私は踏みとどまる。いやいけない。この項目には必然性と再現性がある。しかも生徒の多くは気づかないから放置すると永遠に対処できず、その彼らにとっての「見えない穴」が生徒たちをずっと苦しめ続けるから。そう考えて、私は自ら勇気を奮い立たせ、生徒のあきれた眼差しをものともせずに説明を始めるのだ。他の指導者に私が偉そうに言えた義理ではないが、ぜひすべての指導者にはよきメロスであってもらいたいものだ。

指導者の誠意

このあたりが私の考える指導者の「誠意」である。よく学習者の「やる気を高める」ことを指導者に求める向きがあるが、私も指導の良し悪しが学習者のやる気に影響することには異論はない。だが、何をすれば学習者のやる気が出るのか、についての答えもこれまでに書き尽したと思う。要は、それなりの成果を出すことである。

我々が一貫して必然性と再現性にこだわり、日々生徒の観察力、抽象化能力を高めるように力を尽くせば、やがて学習者にもその教科・分野の全体像が見えるようになり、多少の時間はかかるにしてもそれなりに「わかる」ようになる。学習者にとって最大の励みは、「わかる」ことだ。だからわからせるために最善を尽くすことが指導者が学習者に「やる気」を与える最善の方法であると私は信じる。

もちろん、「よいお話」をすることもよいだろう。だが、年齢にもよるけれど、ありがちな美談はその場の思いは高めてもそれは一過性のものである。学習者の心の奥底にある自己不信を取り除いて、自分の目でものを見る勇気を与えるのにもっとも必要なのは、正しく見える、という実感を与えること以外にない、と私は思う。

入試問題で分かる大学の見識

出題者に向けて言うべきことも、実はすでにここまでの内容に尽くされている。出題者は当然その問題を通じて学習者の能力を識別したいと思っているはずだ。だが、学習者の能力を、場合によってはその将来性も含めて正しく把握するためには、問題が適切であることがきわめて重要である。

私が個人的に責任を持って問題の良し悪しを判断できるのは、英語という科目に限られるが、その点だけから言っても、正直すべての問題が理想的というわけではない。私が主に見るのは大学入試問題だが、その中にも問題の巧拙《こうせつ》が見られる。出題者や大学によく認識してもらいたいことだが、入試問題にはその大学の見識が如実に表れる。大学は受験生向けに美しいパンフレットを作り（実際に作るのは広告代理店だ）、さも高邁《こうまい》で一貫した理想を常に追求しているかのごとき印象を見る者に与えている。確かにそれに近い現実を達成している大学もあるだろう。だが、入試問題を見ると、その大学の内実が見て取れる。どんなに格好をつけて高邁な理想を口にしていても、しょぼい入試問題しか作れない大学はしょせんその程度、ということだ。まさに入試問題は大学のBackdoor（裏口、勝手口のこと。表玄関はいくら飾り立てても、裏口にはその家の実態が表われる。そこから転じて、あまり見せたくない真実の姿を指す）である。

これは、時折新聞で問題になるような「正解が二つある」などという情けない失態だけを指すわけではない。出題の内容に「必然性」と「再現性」がなければ、その大学は、少なくともその科目に対するろくな見識を持っていないということになる。こと英語に関して言えば、話題になっている分野に関する事前の知識がないと解けないような問題を出す大学は、まさしく見識に欠ける大学である。

医学部入試の謎

よく医学系の単科大学が、英語の試験に医療系の話題の文章を出題する。当然専門用語が山ほど出てくるが、その扱い方を見れば大学の知的能力の差が一目瞭然である。一番いけないのは、事前にそういう専門用語の意味を学生が覚えていないと解けない問題を出す大学。こういう大学は、一体何を考えているのだろうか。これから大学に入るペーペーの高校生が、医療用語の意味内容を詳しく知っていることを本当に期待しているのだろうか。だとすれば、その大学は愚かである。だって、学校に行くのは「知らないから」なのだ。何でも知っているのだったら、いまさら大学に行って勉強する必要などない。そういう大学は、まさしく「医学部」を既得権を与えるだけの場所だと考えているに違いない。

一般の読者がどこまでご存知かは知らないが、医者の既得権はものすごく大きい。何しろ医者が患者の体にメスを入れてもそれは「治療行為」だが、無資格者が同じことをすると「傷害罪」という立派な（?）刑法犯である。もちろん我々は同意の上で医者にそれだけの特権を与えているのだが、でもそれは、その人物が理非をわきまえていることを前提としてのことだ。

次にいけないのは、そういう専門用語に注をつけまくる大学。この種の大学がいけないのは、芸がないからである。いわゆるまともな大学は、たとえ注がなくても、文章の中の別の表現から、それが何を意味するものかわかるような問題設定をしてくる。こう書くと、本文の中にその表現についてのうまい説明がないから注をつける、という反論がきそうだが、それなら、そんな文章を選んだ時点でアウトである。そういう文章は、しょせん専門家向けのものであり、一般の人間が読んで理解しづらいところはその単語以外にも色々ある。そういう文章を選ぶこと自体、「何を問うべきか」の焦点が定まっていない証拠である。

問題にもある「必然性」と「再現性」

では一体何を問うべきか？　それはもちろん「必然性」と「再現性」があるものである。その中でも、よりその教科や単元の骨格に結びつくルールをまず問うべきである。

もちろんそうしたルールをそのままルールとして問うのではなく、そういうルールが表れた現象を提示し、その中からルールを抽出させるような問いが最も優れた問いかけであろう。つまり、「慣れ」より「発見」を重んじる方がより正確に生徒のレベル・将来性を判定できる。単発の情報も問題数の調整などとの関係で問うのはかまわないが、その場合は外部記憶（辞書やネットの情報など）を調べなくてもそれを知っていることが必要だと万人が納得するものに限るべきだ。

むしろ、学習者の知らないことで、その場に提供した情報を使えば学習者が自ら結論を導けるようなことを問う方がより適切な試験になる。同時に行わなくてはならないのは難易度の設定である。前作で詳述したように難易度は「手がかり」ではなく「雑音」で設定できる。問題はその「雑音」のあり方だ。何でも難しければいいというものではない。「目の前の現象を正直に見る」「他の何かを持ってきて比べる」という能力を検証するという意図をはっきり持って雑音のあり方を考える必要がある。

もちろん出題者側から見て、どこまでの抽象化能力を学習者に期待するかは異なるはずだから、その期待値を基準に設定すべきでもある。具体的なさじ加減は私の口出しの範囲を超えるが、どんなレベルの試験であれ、この設定を正しくしておくことが、与えられた母集団の中でよりよい学習者を発見する唯一の道である。

中堅大学の哀しい現実

ただ、出題者にも同情すべき事情はある。私の関わる大学受験では、東大などごく一部の大学を除いては、ほとんどの大学は「もっとも優秀な学習者」を選ぶことはできない。もちろん合格はさせられるが、合格者に選ばれない、という過酷な現実がそこにはある。そういう大学の問題を見ていると、「ああ、この問題が解ける学生が欲しいんだろうなぁ。でもこの問題が解ける学生はこの大学には来ないよなぁ」と思うことがあり、思わず出題者に同情してしまう。

でも、実際のところ、出題のあり方に特に注意しなくてはならないのはそういう「中堅大学」である。こういっては失礼だが、そういう大学の問題作りはあまり緻密とは言えず、単に知っていれば正解できる、というような乱暴な問題が並んでいる場合があるが、これだと、一夜漬けでひたすら単語を覚えた、などという学生が容易に受かってしまう。

さらに、焦点もわからぬままひたすら塾に通い続けて勉強してきた、などという手合いもこういう大学には合格してしまう。一方で、勉強量や現時点での実現できている抽象化のレベルはそれほど高くないが、それは適切な指導の欠如によるもので、潜在的にはかなりの能力を持つ、という学生を、もったいないことに現在のパフォーマンスが低いことを根拠に不合格にしてしまったりするのだ。だが、本当に合格させるべきは第三のタイプの学生のはずである。そういう学生をすくい上げるには、知識レベルよりも、より「ものを見る目」に力点を置いた問題を出す方が、結果的に素質のある学習者を入学させられる確率が高まると思う。

東大後期の自己矛盾

大学の中でも東大のような幸福な大学は、ひたすら「発見」の能力を問うのがよい。そうすることによって知的ポテンシャルが最も高い学生の入学が見込めるからである。事実東大の二次試験は明らかにそれを狙っている。司法試験など、同じように幸福な環境にある出題者たちはやはり「発見」を重視した問題作りが可能である。むしろそういう事情をよくわかっていない外部からの政治的介入に対して、作問者は理不尽なものは断固はねつけ、常により高い知性を見出す努力を続けるべきだ。

そういう視点から見たとき、東大は見かけほど幸福ではないかもしれない。まあ半分くらいは身から出た錆《さび》だと思うが、実は現状（2012年）の東大の試験は一種の自己矛盾状態にある。本書は「試験」というものの普遍的性質に焦点を当てて物事を語ることを目的としているから、特定の事柄を大きく取り上げるのはその焦点から外れるように見えるが、試験がその本来の意図と異なる政治的事情に翻弄されると如何に愚劣なことになるかを示す好例として、あえてここで説明しておきたい。

センター試験のもたらした不幸

現在、東大の試験は大学入試センター試験による一次試験と、東大独自の二次試験の二つの試験で構成されている。二次試験には前期、後期と二つのタイプがあって、前期が通常の学力試験、すなわち国語・数学・外国語・理科ないしは社会という科目に分かれた試験であるのに対し、後期は総合科目Ⅰ（実態は英語）と総合科目Ⅱ（数学的なもの）と総合科目Ⅲ（小論文）を課す。

センター試験の歴史的経緯もおさらいしておこう。これはもともと東大が独自で行っていた一次試験を全国の国立大学に共通で行うようにした「共通一次試験」がその出発点である。私は東大が独自に一次試験を行っていた最後の年の入学者である。当時の東大の一次試験は、その傾向が二次と同じく「発見」に多くの力点を当てた良問ぞろいで、合格ラインもだいたい五割程度、まあ試験としてはよくできていた。その翌年から共通一次が採用されたのだが、そこには単によい資質を持つ生徒を入学させる、という以上の政治的な思惑が渦巻いていた。もちろん私は政治評論家でも赤新聞（暴露記事主体の新聞。英語では Yellow Journalism という。上辺は違っても「色」つきなのが共通していておかしい）の記者でもないので、その内幕を暴露する気はないが、東大だけから、レベルに差のある全国の国立大学に受験対象が広がっただけでも、問題の質が「発見」重視から「慣れ」への配慮にシフトしたことは想像に難くない。

だから、私の在学中から、すでに教官の間では共通一次の評判はよくなかった。頑固な爺さんたちが新しい制度を受け入れられないという点を割り引いても、彼らの言うことにはもっともな面もあった。それがいつの間にやらセンター試験と名前を変え、利用する学校もそれこそ私立の「どこだっけそれ大学（仮名）」や「そんなのあったの大学（これまた仮名）」にまで広まり、それに応じて当然試験のレベルが下がっていった。

何度も言うとおり、試験のレベルが下がると「慣れ」重視になる。今やセンター試験は「慣れ」だけで正解が出る問題がほとんどであり、しかも東大の二次試験にたどり着くためには、英語・数学・国語・理科・社会すべてに関して全体の配点の80％、年によっては85％はとらなくてはいけない（ただし前期）、という状態である。東大の二次試験を後期で受けるためにはセンター試験で九割はとらないといけない。

一次と二次の逆立ち現象

ところが、一方で東大は相変わらず二次試験（前期）で、私が受験した当時と変わらない内容の試験を行っている。そこで問われるのは主に「発見」の力である。むしろ「慣れ」は危険だ。東大の試験が自己矛盾に陥っているというのはまさにこの一次と二次の目標のずれを指す。つまり今東大は、一次で「発見」は優れているが「慣れ」が苦手という学生を排除してしまい、そのくせ二次では「慣れ」ではなく「発見」の力のある者を合格させようとしているのだ。

この矛盾を最も如実に表しているのが同じ東大でも後期の試験である。この試験は、今より少し前に起こった「学力偏重」批判に対する大学側のアリバイ作りとして作られたものだ（大学当局は否定するだろうがね）。正直、受験的成功に対する世間のやっかみはとても大きい。知的な能力の高さはもちろん人間としての価値の有無とは無関係である。

だが、たまたま現代は知的能力が経済的・社会的成功の一つの手段になっているため、ほとんどの子ども、そしてその親御がその種の競争の渦中にあり、そのためその能力が高いだけで不当に差別される。他の能力ではそのような批判を受けることはない。たとえ高校生で150キロの剛速球を投げるピッチャーでも、十三歳で三回転ジャンプを決めるフィギュアスケーターでも、そんな球を投げる「から」、そんなジャンプができる「から」、あのひとは人間としてなっていないんだ、と世間全体から言われることは絶対にない（もちろん同じ目標を持つ少数者の間では言われる可能性はあるが）。ところが、知的能力が高い、というより「勉強ができる」子どもは、勉強ができる「から」人間としてなっていない、としばしば言われる。

牽強付会《けんきょうふかい》を地で行く世論

最も典型的なのは某教団の起こしたサリン事件である。その時サリンを作ったのは、東大で化学を勉強した信者であった。するとマスメディアは嵩《かさ》にかかって次のように報道した。「東大なんかに受かるから、サリンを撒《ま》くんだ」。はっきり言うが、これは「風が吹けば桶屋が儲かる」よりもっとひどい牽強付会である。暴論以外の何物でもない。確かに、高度な研究機関で化学を研究しなければ、毒ガスを合成する方法は習得できないが、だからといってその知識を持つ人間が皆毒ガスを撒くわけではない。もちろんジャーナリズムもそんなことは先刻承知だ。だが、「東大生が宗教に狂って毒ガスを撒いた」という事実はジャーナリズム的にはおいしい、つまり商売になりやすいイメージだ。何しろ世間には「東大に受かる」「成績優秀で社会的に栄達する」ことに対するやっかみがかなりある。このイメージはそのやっかみを、不当なやっかみから正当な批判に変えてくれる力がある。当然多くの読者・視聴者の支持を得て、高く売れる。だからあれほどまでにメディアは煽《あお》ったのである。もちろんそのメディアの中枢にいるのも同じ「東大」を出た連中であり、すべては計算の上でのことであるが。この件に限らず、メディアは自分の全く信じていないことを商売のために平然と報じる集団である。

だってビジネスだもの

こういうことを書くと、義憤に駆られる人が現れるが、その人に私は「冷静になりなさい」と言いたい。マスメディアだってビジネスなのだ。彼らが「真実を伝えなければならない」という法律はどこにもありはしない。商売のために真実を捻《ね》じ曲げても、それは犯罪行為ではなく彼らの仕事なのである。大切なことは、受け側である自分が何もかも信じてしまう、という態度を改めることだ。

さっきのようなことは、別にメディアの裏側に精通しなくてもすぐにわかる。東大に行くことと、良識を失って地下鉄で毒ガスを撒くこととの間には、何の因果関係もない。それに気づかずメディアに煽られた人がいるなら、私に言わせれば騙されたその人の方に問題がある。メディアが報じることからわかるのは、その出来事がその地域や国や世界では異常なことだということである。異常でないことを報じても、商売にはならない。めったにない航空機事故には数多くのメディアが群がり、誰か責任者の首でもとらずんばあらず、といった体で報じる。だが、航空機事故が大々的に報じられる、ということは、航空機事故はめったにない、ということを逆説的に証明している。毎日世界中で、それこそ何百万という飛行機が安全に運行している。でもそれは誰も報じない。真実ではあっても、珍しさも目新しさもないので、商売にならないからだ。

うまくいかなかった後期試験

だから東大の「後期試験」というあまり賢いとは言えない目くらましも、メディアに煽られてヒステリックになった人々が自分の首を絞めた結果だ、と私は思う。「学力偏重」批判をかわすために、高校までの科目とストレートにつながらない「総合科目」を問い、それも論文形式にした。それがどうもうまくいかなかったことは、数年後に東大が行った変更からもわかる。以前は定員の一割を後期で募集したのだが、それを全体の3%に下げた。つまり、世間の批判に応じて通常の学力を問わないで入学させる者を増やしたものの、結局彼らの入学後の成績が振るわず、教育水準を保つことができないと判断した、ということである。だが、このような小手先の改変では後期の持つ現状を変えることはできない。

後期試験で現在起きていることを整理しよう。後期試験を受けるためには、前期試験を受けるために必要な得点をはるかに超える点数をセンター試験で取っていなくてはならない。これはさっきも書いた。だから、後期に東大を受験する学生のほとんどは前期にも東大に出願している（後期で二次を受けられる点数を取っていれば、当然前期も受けられるからだ）。しかも前期東大を受験する学生全体の中で、センター試験の得点率はかなりよい方である（さっきも書いたが、前期を受けるには八割程度、後期を受けるには九割以上の得点が必要だ）。しかも、東大は後期の志願者から前期の合格者を除外した上で、後期の受験者を定員100名の五倍、すなわち500名に限定する。つまりこの500人は、センター試験で九割以上をとり、全受験生の中でかなり上位に食い込みながら、前期の二次試験で合格に達しなかったグループということになる。それがまあ500人もいるのだ。

これは何を意味するか。少し考えてみれば誰にでも明らかである。センター試験の結果は東大が求めている学生の能力を反映していないのだ。そもそも東大の行動も矛盾している。東大は自分で認めているのだ。「前期合格者を排除した母集団から事前選抜を行う」と。つまり、後期受験者の多くが前期併願であることを東大は十分認識している。

だとすれば、前期を落ちた人間に、前期より高い事前選抜の基準を求めるのは筋が通らない。センター試験が合理的なら、前期の二次試験に不合格になった人間にセンター試験の高得点者が残るはずはないからだ。まあ数人なら、名前の書き忘れとかいった初歩的なミスがありうるが、500人は如何にも多すぎる。もちろん「倍率の関係で」と東大は言い訳すると思うが、それなら前期・後期の試験を逆の順番で行うのが合理的なはずだ。その選択をしないのは、東大が後期試験を、本当に能力のある学生を選抜できる試験だと思っていないことを示している。しかも、後期試験の出題内容には問題はないものの、これで合格した100人も、冷たく言えばほぼ全員「前期の不合格者」なのだ。

今では後期合格者は合格者全体の3%になったので、東大が狙っている「異能」を持つ者が合格する確率は前より高まったとはいえ、結果的に同じ母集団の中の落穂《おちぼ》を拾っている感は否めない。

試験を攪乱《かくらん》する外圧

もちろん、このような一次と二次の逆転は全くもって非論理的で無意味である。簡単に言うとね、お母さん。今の東大は一次試験で「いい子」を取り、二次試験で「優秀な子」を取ろうとしている。ところが、これまで何度も語ってきたように、「いい子」と「優秀な子」は必ずしも一致しないのだ。両者はむしろ互いに矛盾することのほうが多い。

このセンター高得点で二次不合格500人という数字は、センター試験で前期の一次試験に門前払いを受けている受験生の中に、二次ではかなり高得点をとりうる学生も混ざっていることを示唆している。「発見」の能力とポテンシャルを備えた優秀な学生が必ずしも従順で勤勉とは限らない。このことは東大自身がよく知っているはずのことだ。教授陣も、自分が学生時代に広く浅く結論だけを暗記してまわった記憶はないだろう。私もない。

だが、今センター試験で高得点を取ろうとすれば、そういう勉強をしなくてはならない。だが、その勉強をしすぎると二次の得点力、つまり発見力が落ちる。だから、私のような指導者は受験生に対し、勉強の軸足を二次に置きながら、如何に「せこい」方法でセンター試験を突破するか、それも九割などという不必要な得点を目指さず、確実に前期の事前選抜を突破できる八割五分内外を目指すように、と指導する。現行の試験制度がこのように矛盾しているということは、東大自身認識しているはずだ。

だが、そこには単純に学生を選抜するための論理以上の政治力学が働いているのだと推察される。過去の経緯《けいい》、面子《めんつ》、政治的利害といったものが錯綜《さくそう》して、結果的に東大自身、自分のほしい学生の一部を自ら投げ捨てるような試験制度に加担してしまっている。東大が「見かけほど幸せでない」と言ったのはこのあたりの事情を指している。

これはまさにこの社会が「論理より政治」を優先する仕組みでできていることを意味する。もはや東大だけではどうにもならない。文部科学省も、東京六大学と同じで、東大がセンター試験から離脱することは許さないだろう。私学の慶応は抜けていったが、東大にしても、自分から言い出した共通一次からの経緯を考えれば、そう無碍《むげ》に消えていくことはできない。だが、これはやがて東大にとっての死活問題になるだろう。現行の制度でもう少しましなことを考えるなら、後期試験は前期出願者の中で前期を門前払いされた生徒に限って受験資格を与える、のような規定を作るほうがいくらかでもいいだろうが、これでも色々面倒な反対が起きそうである。無知な世論は本当に恐ろしい、と思わず出題者に同情したくなる。

あるべき試験を取り戻せ

けれども私は東大をはじめとする大学の出題者に呼びかけたい。是非入試の本分に立ち戻ってもらいたい。あなた方がどのような試験を行うかで、多くの若い世代が正しい方向に向けて勉強するか、ただ無意味な知識の上辺だけの暗記に走るかが決まる。それが、将来のこの国の、あるいはこの星の運命に関わる可能性もある。

何を大げさな、と思うかもしれないが、事実、この国では人間の一生の最初の四分の一は、大学受験の成功に捧げられている。そのぐらいの認識を持って、入試制度を考え、入試問題を作成して欲しい。試練のハードルが高いことは問題ない。ただしその高さが常に一貫して子どもの知的能力を正しく育てるという方向を向いていてもらうことが必要だ。必然性と再現性、知識と観察のバランス、そういうことをうまく導くような試験であり試験制度であって欲しい。無駄に多くを覚えるより、必要最小限のことを正しく理解し、それを臨機応変に使いながら現実と向かい合って、最も合理的な解をその場で探していく、という、「人間の知性」の本来のありどころを正しく示し続けるような試験をしてもらいたいと思う。

卒業生だから言うわけではないが、その点、東大には特に期待している。何しろ、優秀な学生を探し求めていることはその行動からも明らかだからだ。もちろん、他のすべての大学にも、程度の差こそあれ同様のことを求めたい。「大学」という看板の下にどのような教育システムを持つかはもちろん各大学の自治の問題だが、その最も明確な表れが入学試験の問題内容にあるということを正しく認識すべきだ。入学試験は大学の顔であり、同時に大学のはらわたでもある。あなたがどれほど美辞麗句で自分を語ろうと、入試問題を見れば、本当のあなたの姿がわかる。これは大学のみならず、すべての学校・教育機関に言えることだ。

これまで試験の問題内容をおおっぴらに批判されたことはないはずだが、でも学習者は鋭敏である。学習者が正しい目で入試問題を見れば、その教育機関の本当の姿が見えるのだという認識と緊張感を持って入試問題の作成（外注？（爆））に当たってもらいたい。

親子のあり方を考えよう

ここからは、子育て中の親御に向かってのメッセージである。もちろん親子関係の数はその親子の数だけ存在するものであり、単純に全員に「かくあるべし」ということがあるとは言えないが、それでも一応のガイドラインはある。

まずは現実を見るところからはじめよう。日本は学歴社会といわれる。確かにそういう面はあるだろう。世の中の人間の大多数が事務処理の仕事に携わるような世の中では、その能力に長けている人間が重宝される。その能力は人間の持つ能力の中では知性に最も近いものである。もちろんいつの時代、どの地域でも常に知性が最も重要な資質だったわけではない。古代ギリシャでは肉体美こそ男性の至高の能力だと思われており、それこそ今のトレーニング・ジムのような所に子どもを通わせる親も多かったと聞く。

もしその時代に生まれていたら、お腹のたるんだ私などは、さしずめ落第生代表というところだろうか。今の世の中が言語能力・計算能力の長けた人間に高い評価を与えるのは、サンデル先生に言われるまでもなく、ただの偶然の結果である（何のことはわからない向きは、氏の著書をお読みください。お父さん、読書してる？）。けれどそういう世の中に生まれた以上、その中でよりよく、もっとぶっちゃけた言い方をすればより有利に生きてほしいと願うのが親心であるのは同じく親である私にはよくわかる。そして一人前の大人として立派な人生を送っている人々に、余計な差し出口をする資格が自分にあると思うほど、まだ思い上がってはいないつもりだ。だから、ここから書くことは、あくまでも一人の親の経験に基づく参考意見である。

子育てのすべては手探りの世界

おしなべて親というものは、「自分の子が他と比べてどうなのか？」を気にするもののようだ。ほんの赤ん坊の頃から、標準年齢だか月齢だかというものがあって、やれうちの子は歩くのが遅いだの しゃべるのが早いだのと言っては一喜一憂する。

だが、そういうことはおそらくその子どもが大人になってからの能力とは関係はない。いや、正確には関係があるかどうかわからない。我々だってこれまでの数十年の人生の中で出会った様々なことが有形無形の影響を及ぼして今の自分になっているのだけれど、過去のどの要素がどれだけ自分の今に影響したのかなど、わかるはずもない。それは子ども本人にも判断がつかないことだが、もちろん両親を含めた大人にも判断できないことだ。

よく、「大人は長く生きているから色々よくわかっている」という人がいるがそれは果たして真実だろうか。どんなに長く生きていようが、人間は一度しか生きていないのだ。今の自分と違う生き方がどうなのかは、全くわからないはずである。他の生き方をしている人をいくら観察しようと、いくらその人の話を聞こうと、その人の人生を本当に把握することなどできない。だってお父さん、ご自身の苦労は誰にもわからん、と思っていらっしゃるでしょう？　一回しか生きていない我々が、いかな自分の子どもとはいえ、他人に何をすべきか指図できるはずはない。何が本当にいいのかは、誰にもわからないからだ。

必ず親が先に死ぬ

そして、親として子どもに関わるとき、絶対忘れてはいけない重要な事実がある。それは、幸せな親子なら、親の方が必ず先に死ぬ、ということである。私が普段向かい合う相手は子どもの方ばかりだから、よく彼らにこう言う。「諸君が今自分の進路を自分で決めれば、たとえそれでうまくいかなくても、それは自分の責任だ。だからそれを受け入れて生きていける。だが、今親の言いなりに決めて、将来不幸になったらどうする？　その頃親は死んでるんだぜ？　まさか親の墓前でこう訴えるのか？『母さん、あなたの言うとおりにしたらこんなに不幸になりました。どうしてくれるんですか？』」。

ばかげていると思わないか。だから、自分の進路だけは自分で決めなさい。もちろん、親御さんの意見を参考にするのはかまわない。でも最後に決めるのは自分。自分で決めたことだという意識を持って受験すること。誰かに言われて意に染まない学部を受けるなんて愚の骨頂だ」

そう、私にも息子がいるし、もちろん親としてその幸せを願わないはずはない。だが、私は彼の選択や判断に口を挟《はさ》もうとは思わない。たとえ未熟で誤った判断であるにせよ、その判断が自分でなされたものであることの方が重要であると信じるからである。

親が反対する意味

もちろんこれは、子どものすることに何一つ反対するな、という意味ではない。私も息子の行動に反対したことはあるし、これからも反対することもあるだろう。だが、それは子どもの本意と能力を確かめるためにすぎない。父親一人説得する能力も意志もなくてどうやってその後出会う障害に立ち向かえるだろう。

幸いにして私は英語の教師なので、英語の答案という面で何回も彼にダメ出しをすることができた。彼の受験勉強中、この答案なら合格だ、という言葉はほとんど言わなかったと思う。それは彼の奮起を促すためでも、思い上がりを防ぐためでもない。本当に、水準に達していなかったのだ。そういうものを、甘やかして認めるようなことも、優れたものを不必要にけなして貶《おとし》めることも私はしない。その点生徒も息子も同じである。

その点で、私は息子を含めたすべての生徒が出会う、初めての大人の世界である。大人の読者ならご存知のように、大人の世界は冷徹である。誰も思いやっても甘やかしてもくれない。うまくいかない言い訳をすると、先方はそれを聞いてくれるふりはするが、決してうまくいかなかったことを許すことはない。二度と仕事を依頼しない、というような形で、反応が返ってくる。それを誰かのせいにしても、周囲の人間は鼻で笑うだけである。

試験が教える「大人の現実」

小学校受験であれ大学受験であれ、受験をすれば年齢にかかわらずそういう現実を突きつけられる。なにしろ、「入れてもらえない」のだ。母子家庭でアルバイトをしながら睡眠時間を削って必死に勉強した子どもでも、「なぜ0で割ることができないか」が証明できなかったり、buryの発音がわからなかったり、鎌倉時代の始まった年を覚えていなかったりするだけで不合格になるのだ。

後に語るように、私は小学校受験や中学受験にあまり肯定的ではないが、何も幼い子どもにそんな冷徹な現実を受け止めさせなくてもいいのではないかと考えることも一つの理由である（反対に、高校受験、大学受験はすべての子どもに必要だと思っている。何しろ「義務教育」が終われば、働くという大人の世界に入る選択をする子どももいるのだ。だから当然勉強でも大人扱いしていいと思う）。その世界で暮らしてかなりの年月になるが、受験というものは受験者にとっては本当にある意味むごい存在である。

試験は有意義な成人の儀式

もちろん、だからといって私は、だから試験制度は廃止すべきだ、という乱暴な議論には全く与《くみ》しない。失業するからだろ？　というシビアな突っ込みはさりげなく無視して筋論に終始すると、やはり能力はそういう努力を通じてしか手に入らないからだ。前にも書いたが、自分の乗っている飛行機のパイロットや、自分がかかる医者が、一定以上の能力を持っていることは誰でも期待する。そのための苦労は当然本人が負担すべきだとあなただって思うはずだ。もし、勉強で苦労するのはいやだし、ストレスを感じると円形脱毛症になってしまうから努力は一切できないが、医者として人から尊敬される優雅な暮らしがしたいという人物があなたの主治医になるとしたら、あなたは治療を受けるのだろうか。他の人間には能力と努力を要求するのに、自分はそれは辛いからいやだというのは、単なるわがままである。

私は確かに試験はむごいといったが、それでも、いやそれだからこそ試験は有意義である、と思う。大人の世界はむごいのだ。その入り口で、子どもをしっかり歓迎してやる儀式としては、試験は実に優れた制度だと思う。むしろ私などは、教える人間選ぶ人間の好みや主観が入ってしまうか、反対に機械的にやりすぎるとドーナツ屋のポイント制度とほとんど変わらないものと化してしまう「内申書」「推薦入試」「ＡＯ入試」を縮小ないしは廃止すべきだと思う。試験だけだと、一回の失敗が運命を決めてしまうからむごい、という話があるようだが、なぜ「むごい」ことを理由に子どもを甘やかすのか意味がわからない。

何度もいうが、大人の世界はむごいのだ。大学はそれこそ大人の世界である。たとえ一流企業に就職が決まっていても、単位の計算を間違えて卒業に必要な単位が取れなければ留年である。しかも、このままでは単位が足りない、ということを大学は事前に教えてくれたりはしないのだ。むごい話だと思う向きもあろう。確かにむごいが、この大学の対応は正しいと思う。それが大人に対する責任の取らせ方だ。

しかも、この仕事を長くやっているると痛感するのだが、試験に「まぐれ」はない。正確に言えば、まぐれで受かる人はいる（うちの息子がそれを証明している）が、まぐれで落ちる人はいないのである。合格しないのは、結局実力がないからなのだ。学力はあるのにここ一番の精神力が弱い、と嘆く人もいるが、それも実力のうちだ。いくらブルペンで剛速球を投げても、本番で打たれたら実力はない。優勝が決まる最終試合の九回裏ツーアウト満塁でマウンドに立ち、打者を三振にしとめてこその実力である。だから試験一本で学生の合否を決めても全く問題はない、と私などは思う。

内申書のもたらすモラルハザード

だが、それよりも内申書で問題なのは、これが教師と生徒の間のモラルハザードの原因になっている、ということである。私がかつて講師として勤めていた高校（はじめに断っておくが、先生たちは皆本当に好人物であった）では、何かというと生徒に「留年」という脅し文句を振りかざす先生がいた。曰《いわ》く宿題を出さないと、遅刻が多いと、欠席が多いと、万引きや喫煙などの不法行為をすると、「留年だぞ」とやる。

ところが、いざ本当に遅刻が多くて留年する、という段になると、その発言をした当の先生自身が、さまざまな手管《てくだ》を使って留年させないようにしようとする。生徒を休み期間に意味なく登校させて数時間滞在させたり（別に授業はしない）、形ばかりのレポートを書かせたりして、何とか留年を回避しようとする。

え？　生徒思いの先生だって？　冗談じゃない。生徒が一人留年すると、先生がどれだけ大変になるかご存知か？　泣き叫んだり怒り狂ったりしてやってくる両親の面倒も見なくてはならないわ、教育委員会に説明する文書を作成して管理職の判子をもらわなくてはならないわでそれこそ火事場のような騒ぎになる。それが嫌なのだ。

こういうことを書くと、教師を貶めているように聞こえそうだが、とんでもない。みんなそれでなくてもただでさえ十分仕事に追われているのである。これ以上問題を抱え込みたくない、というのが教師たちの偽らざる本音であろう。

ところが、そうやって結局最後は先生が手心を加えてくれる、ということに味をしめると、子どもは二度と言うことを聞かなくなる。なんだかんだ言ってもどうせ脅かしで、最後は何とかなっちゃうんだぜぃ、ぐらいに思うものだから、勉強などまるでしない。言い方は失礼だが、中堅以下の学力層の学校にはこういうところがかなりあると推測される。

ルールは変えない

では、私はその学校でどうしたか。まず生徒に宣言する。宿題は出さない。理由は、採点するのが面倒だから。授業中、まじめに聞いているかどうかもチェックしない。寝てもいいが、いびきは他の迷惑なので禁止。出席は厳密にとる。試験範囲は「英語」。ドイツ語もフランス語も中国語も出さないが、教科書の文章も出さない。赤点は30点以下。救済なし。

これで授業を始めると、まあ最初の中間試験までは生徒はほとんど勉強しない。で、最初の中間試験。クラス平均8点。ほぼ七割が赤点。このあたりで、生徒の目の色が変わる。こいつは本気かもしれない、と思わせればこちらの勝ち。何しろ前の年にはいなかったので、私がどんなタイプか読めないのだ。一学期後半から生徒は熱心に授業を聞くようになり、それどころか、わざわざ放課後に補習をしてくれといいに来る始末。おかげで誰も留年せずにすんだ。

え？　もしそれでも留年しそうな生徒が出たらどうしたか？　もちろん留年させたはずだ。前に息子の中学の内申書の話をしたときにも、私は担任の先生にこう言った、と書いた。「成績が不利になってもかまわない。ルール通りにやってください」。私は息子も他の生徒も分《わ》け隔《へだ》てはしない。ルールを設定したなら、その通りにやる。できないルールなら、最初からないほうがいい。

他にも内申書には問題は山ほどある。特に大学受験の場合、学校間の格差が大きすぎて、同じ数字でも意味するところは全く違う、ということはもはや明らかである。まあ、内申評定がいいということからは、言うことは素直に聞くから問題は起こしにくい、ということは推定できるが、それはすでに語った「オール5の娘」のように自律的思考を持っていないことを示してしまうこともある。だから、私の感触では、大学の中には内申書をほとんど考慮しないところがかなりある。少なくとも、東大は内申書をほぼ無視していると思われる。だって私自身、高校時代の内申点は決して褒められたものではない。でも何の問題もなく東大に合格している。

試験は起死回生のチャンス

内申書のもう一つの問題点は、済んだことをいつまでも引きずらせることである。何しろ内申書では、その成績は過去からの蓄積によって決定され、一度にすべてをなかったことにすることができないのだ。一方、試験はまさしく一回勝負である。この、一発勝負という試験の性質が若者にとってはとても肯定的な意味を持ちうる、ということも理解してほしい。端的に言ってしまえば、一発逆転のチャンスなのだ。そう、試験では過去は問わない。その人物がその時点でどのような能力を持っているかだけを判断基準に合否が決まる。ある意味これほどすがすがしい制度もない。

どんな学生であれ、ある学校に一定の期間いるとそれなりのポジションというものができてしまう。教師を含む周囲からも「あいつはこういうやつだ」「あれは得意だがこれは不得意だ」というようなステレオタイプの目で見られるようになり、自分自身もそのステレオタイプの中で安住しがちになる。だが、本当の本音を言えば、そうではない自分を取り戻したいとどこかで思っている学生は決して少なくはない。内申書のような「過去の経緯を記録したもの」に付きまとわれる限り、学生にはなかなか自分のステレオタイプをひっくり返すチャンスはこない。だが、試験はそういう学生にとって起死回生のチャンスだ。実力がなければもちろんどうにもならないが、実力さえ蓄えておけば、それまでのポジションを覆《くつがえ》すような結果を出せる。リスクも大きいが、その分得るものも大きい。

もちろん、結果を伴わなければどうにもならないが、ある意味では努力の効果が最も目に見えて実感しやすい目標が、入学試験なのである。いいかえれば、入学試験はむごさとすがすがしさが共存している制度なのだ。

子どものすべてを受け入れよう

試験であれ内申書であれ、子どもたちは外に出れば身も蓋《ふた》もない基準で測られ、評価され、批判されている。学年によってその厳しさに差はあれ、誰からも特別扱いされないという大人の世界の現実に、子どもたちは否応なくさらされている。そういう「ひりひりするような大人の世界」と対峙している子どもたちを支える親御に、ぜひ言っておきたいことがある。

それは、子どもがどんな選択をしようと、その子がそれを選んだ以上、最後まで支え、支持する、ということである。試験を受けるに際し、そしてその準備のための勉強に際し、子どもたちは毎日外で自分にとってのむごい現実と向き合っている。満点を取る子どもがいないのは当然だと思うだろうが、ということは、毎日何らかの形で自己の判断を否定されない子どもはいない、ということでもある。

大人でもそうだが、それはかなりしんどいことだ。だが、成長のためにはそれをやめることはできない。それゆえ、せめて家に帰ったら、すべてを受け入れてもらいたい、と子どもは思うはずだ。だから、親御には無条件に子どものすべてを受け入れる、という態度を鮮明にしてほしい。間違ってもらっては困るが、これは子どもの成績や勉強の姿勢に一切口を挟むな、ということを言っているのではない。子どもとの間が納得ずくなら、そういうことに口を出すのもいいだろう。

息子に聞いてみた

私の息子は中学受験、高校受験、大学受験と三回受験を経験している（本当は小学校も受験しているが、彼はそれを「クイズ大会」に参加したと思っていたはずなので、あえて数に入れない）が、それを始める時、つまり一番最初は小学四年生の終わり頃に私は彼にこう言った。「これから受験勉強をすると言うけど、親の目から見て、お前多分怠け者だと思うんだよ。で、何も言わないとあんまり勉強しないんじゃないかな。でね、どっちがいい？　勉強しろ、と言われるのと言われないのと？　言われないと勉強しないだろうなぁと自分で思うなら、言ってもらった方がいいぞ。でも言われるとかえって嫌になるから言わないでほしい、というのならそう言ってくれ。それなら何も言わないから。どっちにする？」

すると、彼は「言われると嫌だから言わないでよ」と言う。そこで、私は一度も「勉強しろ」と言わなかった。おかげさまで彼は中学受験には脆《もろ》くも失敗した。高校受験、大学受験のときも同じやり取りがあり、やはり私は一言も言わなかった（大学受験のときは英語の技術面ではアドバイスを求められたからした。これも「求められたから」である。自分から売り込むようなことはしない）。こういう私だから、親御が子どもに勉強しろ、と言いたい気持ちもわかるし、それを止めはしない。だが、たとえどれほど苦言は呈しても、最後には、「お前の現状がどうであれ、自分にとってはお前は世界一の存在だ」とぜひ子どもに表明し、わからせてやってほしいのだ。

親の言葉が子どもの自信の源

子どもといっても、受験をすれば世の中の冷たい評価にさらされる。それはさっきも言ったが、成長に必要とはいえ、かなり彼らには辛いことである。そういう心理状態にあるときに、万一親にまで否定されるようなことを言われれば、おそらく耐え難いだろうと思う。せめて、両親くらいは、その子どもの出来不出来にかかわらず子どもを全面的に支持している、ということを実感させてほしい。

そんなことは当たり前だ、と言う向きもあろうが、当たり前ならなおのこと、それを表現してやることが大切だ。気恥ずかしいと逃げてしまわず、ぜひここで踏みとどまってほしい。そういうことができるだけでも、子どもとの関係を大きく変えることができる、と私は信じる。それは子どもがいくつになっても同じことだ。たとえ息子が成長し、遠くに行っても、何かの事情で直接伝えられる環境になくなっても、私は息子を信じ、息子を支持している。私の息子は、私の息子であるというだけで、私にとっては世界一だ。それぞれの親御がそうだろう。是非それをはっきり子どもに伝えてほしい。それこそが、持つのが難しい「自信」の唯一ありうる源である。

「ストライクゾーンとやじろべえの精神」のところで語ったように、自分のことに確定的な自信を持てる人間などいない。でも、暫定的なものであれ、自信がないと一人では立てない。実は、それを支えうる唯一の存在が親御（でなければもっとも身近な大人）の支持だ、と私は思う。

何度も話に出てきて恐縮だが、私は息子の「宿題を出さない」という決断を支持した。もちろんその決断が客観的に見て正しいのかどうか、私にもわからない。だが、私は彼の判断を支持した。それが親の務めだからである。その決断に対し、息子本人が不安を抱いていないはずはない。でも、彼は考えた末にそう決断したのだ。であれば、世界中が彼に反対しても、親としては彼の判断を支持するべきである。そうでなければ、他人と一緒だ。

母の思い出

もちろん、支持のあり方には色々あっていいと思う。今こう書きながらふと自分の母親のことを思い出した。彼女は決して「お前を信じてるよ」などとは言わなかった。むしろ私のすることには無関心に見えるほどだった。でも、それはある意味で信頼の信号だった。高校生のときだったか、教師と親の面談があった。私としては親などにでしゃばってほしくはなかったが、まあ学校行事なのだから仕方がない。決められた日に母は出かけていき、戻ってきていきなりこんなことを言い出した。

「あたしが面接の番になって先生の前に座ったらね、ちょうどそこにお昼の出前が届いたのよ。それがラーメンでね。先生ったらそのとたんに話が上の空になっちゃって、ラーメンのほうをちらちら見るのよ。そりゃのびちゃったらいけないからわかるんだけど、あまりに先生がラーメンばかりちらちら見るので、母さんもそっちが気になって結局何の話をしたのか忘れちゃったわ」

まさかね。そして私が東大に入った後、しばらくして母は言った。

「母さんわかったわ。東大って、どんなすごいところかと思ってたけど、あんたが入るんじゃぁ、そう大したところじゃないのね」

私にとっては、最大級の賛辞であった。

中学までは放っておけ

これまで話してきたように、親御の基本的な務めは、子どもの自己決定に任せることと、子どもの選択を全面的に支持することであると私は思う。その前提の下で私なりに考える最良の子育て法を申し述べよう。それはものすごく単純で、「中学生までは放っておけ」ということである。

前にも書いたが、自分の過去を考えても私の息子やその周辺の子どもたちの様子を見ていても、本当に自分をどういう人間にしたいか、について子どもが目覚めるのは中学生になってからである。小学生までの勉強のできるいい子は、すでに言ったように単に大人に喜んでもらいたいから勉強しているにすぎないので、それは本当の意味で自分の血肉にはなっていない場合が多い。中学生くらいになると、自分がどういう方向に進みたいかが漠然とであれ見えてくる。だから、その時までは、子どもの選択の幅を絞らないように注意しながら、鷹揚に見守るのがもっとも大切な親の務めだ。

小学校ではベストは選べない

だが、この発言はあまり親御受けはよくないだろうと予想される。何しろ今や小学校受験、いわゆるお受験がものすごく過熱しているからだ（あくまでも一部の都市部に限ってのことだが）。そういう親御はわかったように言う。子どもに受験競争の苦労はさせたくない。だから小学校で大学までである学校に行かせれば、その後子どもは楽に成長できる、と。

ただ、ちょっと待ってほしい。ものすごい反発を買うことを承知であえて言うなら、その時点で選択できる学校といえばどんなにがんばっても「早稲田」「慶応」どまりである。誤解しないでほしいが、別に私は東大至上主義の原理主義者ではない。だが、たとえば世界の大学ランキングで見ても、東大は30位内外なのに対して、慶応早稲田をはじめとする私学に至っては100位圏外である。露悪的な言い方をするなら、将来同世代の東大出にあごで使われることを小学校入学の段階で親に決める権利があるのだろうか。

もちろん、世の中には一定の割合で、そういう成長をしても、東大出にあごで使われる可能性はない、むしろ東大出をあごで使える人々がいる。それはいわゆる「毛並みのいい人々」である。

残念ながら生まれてこの方、毛並みのいい人になったこともなく、個人的に知り合いが一人もいないので、確定的なことは言えないのだが、そういう血筋の家では、親御は子どもをのんびり育てていても、おそらく人の上に立つ優雅な生活が成人後も保証されているのであろう。もちろん、それでその子どもが本当に満足なのかはまた別問題ではあるが。

話を元へ戻そう。小学校ではベストは選べないという考え方は、実はそういうエスカレーター式の私立の高校内部からすでに生まれている。昔はそういう高校は、系列の大学以外への進学を望む生徒に対し、ほとんど迫害に近い扱いをすることがあったが、今ではむしろそういう学校が生き残りのために「東大進学率」を気にし始めている。でも、高校に行っても競争があるなら、何も小学校からそういう学校に行く必要はない。せいぜい、滑り止めを受ける手間と金が省《はぶ》ける、という程度の効果しかない。

私学の恐れるパンドラの箱

実はここに、私立の学校にとって開けてはいけないパンドラの箱がある。統計的に見ると、小学校から私立に通わせても、公立に行っても、ごく一部の学校を除いて最終的な学歴にはほとんど差がないのである。

確かに一時は公立学校が荒れているという理由で、私立がもてはやされた時期があった。だが、それは幻想である。中高一貫教育がもてはやされているが、それはしょせん学校の都合による囲い込みにすぎない。どんなに学校が前倒しの教育を標榜しても、生徒が本気で大学受験の勉強を始めるのはやはり高校三年生からである。そして、それは正しい。早くから受験勉強をしても、それほどの効果はなく、むしろ害が生じることさえある。

どんなに週刊誌が中高一貫の私立の東大合格率をはやし立てても、その割合は全体の二割内外、つまり残りの八割近くは普通の高校からの進学者である。しかも、最も高い東大合格率を示す学校でさえ、だいたい東大合格者は一学年の生徒数の25％程度である（浪人も合わせると40％程度になる学校もある）。最近は高校から生徒をとらない私立も多いが、とっているところでは、だいたい中学からの在学者と高校からの入学者の東大合格率は同程度である。端的に言ってしまえば、東大に受かるだけなら、高校からでも十分に間に合う。

私はどうやったか

こういう「正論」を書くと、必ず「お前はどうやったんだ?」と聞きたくなる向きもあろう。私自身はそれこそ「私立」の小学校がとても特殊な場所だった時代に小学生だったから、選択も疑問もなく公立に行ったが、息子は私立に行った。そこは私のかつての勤務先の系列校で、高校まではあるが大学はない、というタイプの学校である。小学校卒業後はそのまま上に上がる子どもは少なく、他の私立に行くか、公立に行く子どもが多い。

ある朝駅前の交番から

なんだ、結局私立に入れたのか、と思った人に申し上げておく。私が私立を選んだ理由はたった一つ。電車で一人で通学させたかったからである。電車通学という冒険を通じて、少しでも早く自分で考え、自分で判断することを覚えてほしかったのだ。世の中にはいろいろな人がいる、ということも知ってほしかった。え? 心配しなかったのかって? そりゃもちろん、しましたとも。一年生で一人で通い始めた口は、息子に見つからないように後をつけたほどである。

二年生のときだったか、ある朝職場で携帯が鳴った。出ると、息子の小学校の最寄り駅の駅前交番からである。心底肝が冷えた。電話口の警察官は息子の名前を言い、お父さんですか、と聞く。「はい」と答える声が上ずっているのが自分でもわかった。するとその警察官はやおらこう言った。「息子さんが今、一円拾ったと言っておいでになっているのですが、いかがしたものかと思いましてね」。安堵感と恥ずかしさで顔が赤らむのを感じながら、通常通りの対処をしてやってください、と答えた（後で聞いたら、この当時息子の学校では、交番に一円届けるのが流行っていたらしい）。

中学生になったら意思確認を

このように、学校を選ぶ基準は学力の伸長《しんちょう》だけではないだろう。だから、小学校で私立を選ぶことだけなら私には異論はない。大学までエスカレーター式でもいいだろう。だが、中学生になったら、本当にその子どもが何をしたいのかを子どもに考えてもらうチャンスを与えることが条件である。なぜ、中学生になったら、なのかはすでに語った通り。まあ、フィギュアスケートやらピアノやら卓球やらの英才教育はいくら子どものうちからやってもむしろ害はない。何しろ、中学生になる頃には、専門家としてやっていけるかどうかの見極めはついているだろうし、専門家になる人はそれこそ数万人に一人だろうからである。だが、勉強の才能を判断するのは、稀有な例外を除けば、中学生になってからにするべきだ。

小学生ではわからない

中学受験も多くの場合は都市部に限られるが、小学校受験となると本当にごく一部の都市部でしか行われていない。ただ、なぜか東京などの大都市圏では親御が前のめりで過熱気味だ。正直に言わせてもらうと、小学校受験は功罪半ばする、というより罪の方が大きいことが多いと思う。私のように、早めに現実と触れさせたいという意図を持つのも一計だが、やはりリスクは大きくなるはずだ。進学、という点で考えるなら、子どもの意思が固まる前に選択肢を狭めるのはあまり得策ではない。もちろん親の考えと思春期の子どもの考えとがシンクロしてくれればいいが、小学校段階ではそんなことはわからないからである。

先物買いのリスク

さらに、あまりおおっぴらには語られていないと思うが、小学校からある意味「隔離」され、途中受験の洗礼を全く受けずに系列の大学に内部推薦で進学する子どもの中には、実はほとんど基礎学力を持たないままの者がいる、という事実も指摘しておきたい。もちろん、中にはものすごく優れた者も、違った種類の能力に長けていく者もいる。ただ、そういうことにならず、ただ甘やかされ続けて自己研鑽に失敗する者も出ることは事実だ。その意味では小学校からエスカレーターというやり方にはかなりのリスクが伴うことは知っておいた方がいい。小学校入学時に子どもの将来に保険をかけたいという気持ちは理解できなくはないが、先物買いには大きなリスクが伴うことを理解したうえで、納得ずくで行うことを勧める。何らかの理由でその学校が子どもの将来にとってプラスにならないことが明らかになった時、速やかに撤退する覚悟が必要である。

小学生の基本は「読み・書き・そろばん」

小学校の受験は、しない方が一般的だろう。その場合、放っておくといったが、一つだけ例外がある。それが読み書きと計算である。これは小学校を受験して進学した場合も同じである。言葉に関しては、まずいろいろな言葉に興味を持たせることから始めるといい。これは子どもがごく幼児のころからできる。お話の「読み聞かせ」も確かにいいだろうが、よほど文化的に立派な家庭でないと、続けるのはなかなか難しいと思う。少なくとも我が家では失敗した（爆）。むしろ、「尻取り」のような言葉遊びがいい。私なども、息子と車で移動するとき、息子が寝るまではずっと尻取り遊びをしたものだ。もう少し年齢が上がったら、「形容矛盾ごっこ」もいい。「黒い白鳥」のような反対語を言い合って遊ぶのだ。もちろん遊びは遊びでしかないのだが、これが潜在的に子どもの言語能力をかなり高めると思われる。特に、言い換え能力が高まることが将来的に大きな力になる。ある言い回しを何通りにも言い換えられる学生は、ほぼ例外なく賢くかつ成績もよい。

小学校になれば、漢字も勉強するようになるが、特に訓読みをしっかり覚えさせるのがよい

（理由は前作第二部に書いた）。中学受験をしない向きは、書き順は無視してよい。正しい字が書ける、読めるを目標にする。また、計算は九九のような丸暗記ものは七歳までに習得させたい。科学的根拠を明示するほどの素養は私にはないが、一般に子どもは八歳までは同じことを無限に繰り返すことに抵抗を感じない能力があるという（一説には第一言語習得に備えるため）。ものの本によれば、人間は八歳までは右側の脳みそだけを使っている。八歳になって左右の脳が連結され、左の論理的思考が働き出す頃になると、同じことを繰り返すことに「飽きる」ようになる。この状態になってから同じことの繰り返しをやらせるのはあまり合理的とはいえないが、九九だけはそうなる前に仕上げるといいだろう。そこから先は、あまり勉強勉強したものではなく、計算を使ったクイズなどをやるのがいいかもしれない。今は切符というものがすっかり廃れたが、私が子どもの頃は切符の端に必ず四桁の数字が書いてあった。その数字を使って四則計算で10を作る、などというゲームが結構流行ったものだ。その手のことを楽しんでやれるのが一番いい。もちろん数が得意でないという子どももいるだろうから、そういう場合は数とは無関係な論理判断などのクイズをするのがよいかと思う。

ただ、何をするにせよ、それで勉強をできるようにしよう、などという強い目的意識はないほうがいい。出来不出来にこだわるより、扱う時間を楽しむような過ごし方がいいし、正解が自然に出てくるように単純な反復訓練をするのではなく、一つずつ手順を追って考えていくようなものを扱うのがよいと思う。

中学受験という選択

中学受験は、思案のしどころだ。ただし、ここでも主人公は子ども本人であるべきだ。もし、公立の小学校の居心地がそれほど悪くないなら、そのまま中学校に進ませるのも手である。進学した中学校が中高一貫制で、かつ子どもがその中学校と相性が悪い、というのが中学受験の最大のリスクだ。ある意味、学校のレベルよりも、本人が第一志望と心に決めたところに合格したら行かせる、くらいのつもりがいい。

我々のような仕事をしていると、高校受験に失敗したことをきっかけに一時的にせよ勉強に意欲を失い、それを引きずって大学受験でも失敗する、という子どもに頻繁に出会う。高校受験ではある意味避けられないリスクだが、中学でまでその思いを抱かせるのはあまり得策とは思えない。それならむしろ、「誰もが行ける」公立に行かせる方が、失敗した場合の精神的立ち直りが早くなると思われる。

そして、親御として大切なのは、中学受験にあまり悲壮感を漂わせないことだ。ここで失敗したら大変、などと親御が前のめりになると、結果的に子どもの足を引っ張ることになりかねない。実際問題、中学受験に失敗しても、後でいくらでも取り返しはきく。

では中学受験にはメリットはないのか、というと実はメリットはそれなりにある。これは高校受験にも通じることだが、中学受験では、期間が六年と長くなるのでメリットもそれだけ大きい。

もちろんリスクも高校受験より大きいが。

進学校の秘密

ではそのメリットとは何か。それは自分より少し賢い同級生と出会うことである。

世の中には「進学校」とそうとはいえない学校がある。その最大の違いは何か？　ティーチングスタッフ？　教育メソッド？　建学の精神？　学校はそう主張したがるだろうが、それは違う。「進学校」の最大のメリットは、集まってくる生徒のレベルが高いこと、これに尽きる。

特に男の子の場合、この効果は大きい（何度も断っているので、もう飽きている向きもあろうが、やはりお約束なので断らせていただくと、決して、女の子の場合効果が少ない、と言っているわけではない。ただ、生まれてこの方、女にだけはなったことがないので、女性について断定的なことが言いにくいだけだ）。

何しろ、男の子は見栄とプライドの塊《かたまり》である。その相手は、もちろん家族でも先生でもない。友達だ。どんな下らないことでも、男の子は「自分のほうが上だ」と言いたがる。いつだったか電車の中で三人の小学生の男の子（きれいな制服を着ていたから、多分私立に通う子どもたちだ）がなぜか「おじいさんの年齢自慢」をしていた。一人の子どもが「ボクのじいちゃんなんか、もう70歳だぞ」。もう一人が「何言ってんだ、僕んちなんかもう75歳なんだから」。すると最後が「ボクのじいちゃんなんか、もう死んじゃったんだから」。

死んじゃったことを自慢される爺さんには同情するが、これが男の子だ。だから男は教師に向かない、とはすでに述べたとおりだが、これが自分の能力伸張には大きな効果がある。

優秀な子どもの集まる学校では、当然ながら競争相手のレベルが高い。それに刺激されて、何とか自分のレベルを上げようと少し無理でも背伸びする。この「少し無理でも背伸び」が子どもの能力向上にかなり影響するのである。

早生まれは有利？

これに関して次のような事実がある。これを書くと、また極端に走る人が出ても困るのだが、再び東大における統計である（こういう話になるたびに「東大」が出てきて恐縮だが、それには理由が二つある。ひとつはやはり学力の頂点にある大学なので説得力があること、もうひとつは自分が行った学校なので、それなりに正確な情報が手に入ることである）。実は東大生には「早生まれ」が多い。早生まれは、一月から三月の間に生まれた子どものことだが、本来なら一年十二ヶ月のうちの三ヶ月、つまり四分の一なので、もし入学者の生まれ月が均等なら、早生まれの入学者に占める割合は四分の一になる理屈である。だが実際には誤差とは言いがたいくらいこれを上回る割合の学生が、それも毎年「早生まれ」なのである。

これを説明しうる一つの可能性は、早生まれは幼い頃から競争において不利だから、というのがある。幼稚園以降、子どもはある年の四月から翌年の三月までの間に生まれた者たちを一つのグループ、すなわち学年として扱われるのだが、考えてみればその間には最大十二ヶ月の月齢差がある。言い換えれば、早生まれの子どもは幼稚園児の頃から、四月生まれの子どもに比べて数ヶ月早く、その子どもと同じ課題を与えられるのだ。もちろんこれは早生まれの子どもにとって不利である。彼らはいわば、常に少し背伸びしていることを求められているのだ。詳しい分析は不明にして知らないが、この、「少し背伸び」が子どもの能力をより高く引き上げるらしい、という説には、経験に基づく説得力がある。

少しの背伸びが子どもを育てる

同じ効果は中学、高校でも明らかである。自分より「少し能力の高い」グループに入った子ども（特に男の子）は、その中でも自慢したいがゆえに、少し無理をして能力が高いふりをする。もちろん、最初は「ふり」だ。実際の能力が伴っているわけではない。だが、いつまでもふりではいずれ化けの皮がはがれてしまうので、何とかして実態を自分の口三味線に合わせようとする。そうやって背伸びをし続けていると、本当に背が伸びてしまうのである。いわゆる「進学校」では生徒の学力が伸びていく大きな要因のひとつがここにある。

中学受験では、成功すれば早くそういう「少し能力のある他者」との接点が持てるので、それによって能力が高まっていく確率もそれなりには高い。これが中学受験の持つ最大のメリットである。

だがメリットは一方でリスクを伴う。え？　落ちること？　とんでもない。落ちてくれればある意味めっけもの、である。そのリスクとは「まぐれで能力の高すぎる集団の一員になること」である。「少し能力が高い」であれば問題はないが、「高すぎる」と非常に困った事態に発展することがある。

入学試験はセーフネット

実は中学受験における入学試験とは、このようなリスクを軽減するのに役立っているのだといえる。つまり、いくら本人が自分のレベルとはるかに離れた高いレベルと一緒になりたくても、入学試験ではじかれれば結果的に能力の高すぎる集団の一員になるリスクが少なくなる。そう、入学試験は無謀な親子の非現実的な選択から彼らを守っているとさえ言えるのだ。その意味では試験に落ちれば、それは（あくまでこの段階では）単なる高望みであったと明確にわかるので、ある意味問題はない。

私の息子は正直このパターンだった。先ほど私が「落ちてくれればめっけもの」と言ったのはこのあたりの状況を指す。私はあまり中学受験に賛成でなかったが、息子本人は周囲の友達に刺激されて能力もないのに受験すると言い出し、それも、びっくりするようなレベルの高い学校ばかりを受けると言い出した。もちろんそのときの息子の能力で受からないことは火を見るよりも明らかだった。だが私は本人が言うことには抵抗しない主義であり、しかも一つ計算もあったので、もちろん受験を許した。ただし、勉強は個人的には見なかった。もちろん私の専門である英語は中学入試には関係ないからだが、いずれ大学入試で勉強を教えるとき、前の失敗の経験があると素直に聞いてくれなくなると思ったことの方が大きい。

行きたいという塾には行かせたが、案の定成績は伸びない。何しろ高望みしすぎなのだ。しかも能書きばかりで不勉強ときている。追いつくはずがない。白状すると、それも計算のうち。ここで失敗を経験させ、実力の伴わない見栄の惨めさを正しくわかってもらえれば、その方がいい。ただし、間違って受かってしまいそうな滑り止めは受けさせなかった。この段階で本意でないところに行くと、プライドばかりが勝って周囲の友達を不当に見下して受け入れないなどの弊害があると予想されたことに加え、もし本当にレベルの高い集団に入る資格がないなら、中途半端なところに安住するより、むしろ幅広い（それこそ「豊臣秀吉」を「とよとみひできち」と読む子もいる）子どもたちのいる公立に行ってもらった方が、本人のためだと思ったのがその主な理由だ。ただ、「受けさせない」と言っても、こちらから何かを強いる必要は全くなかった。本人のプライドが高すぎて受けようとしなかったのだ。しめしめである。

こう書くとまるで人非人のようだが、でも精神的には彼をしっかり支えるつもりでいた。だから合格発表は息子と二人で行き（もちろん不合格である）、帰りのタクシーの中で嗚咽《おえつ》をかみ殺す息子に向かって、「お前は世界一だよ」と言い続けた。誤解のないように言っておく。息子の不合格は、親として息子と同等、あるいはそれ以上に悔しい出来事であった。だが一方で私は息子に失敗してほしかった。それは、彼の上昇志向が、まだ自我に基づいたものではなく、ただの見栄だったからである。けれど、私は息子に絶望はさせたくなかった。自分を信じられなくなったら、自分と正しく向かい合うこともできないからである。立ち直るという経験を通じて、彼の中に真の自我が目覚め、単なる見栄に終わらないプライドが生まれることを願って、私は彼がこういう経験をするのを予想しながら止めなかった。そして彼はその後見事に立ち直った。これはわが子ながら本当に立派だったと思う。わが国では世間に向かって身内を褒めるのは禁忌であることを承知であえて書かせていただく。このときの息子のことを、私は今でも誇りに思っている。

ここまで書いておいて言うのもなんだが、これはもちろん「親の思い込み」である。息子が聞いたら、鼻で笑うかもしれない。親子などというものは、ま、そんなものだ。

中学受験のリスク

簡単に総括すると、中学受験の最大の問題は、間違ってレベルの高すぎるところに合格してしまうことである。前にも書いたが、受験で不合格に「まぐれ」はないが、合格には一定の割合で「まぐれ」がある。中学という子どもの精神的成長にとって重要な場面で、まぐれでレベルの合わない集団に入ると、後の苦労は並大抵ではない。

もし「能力が高すぎる」集団に入ったらどうなるかは容易に想像がつくだろう。ねぇお母さん、たとえば結婚二十周年のお祝いにご主人から百万円のダイヤがほしい、とは思うでしょ？　では、ここに世界に一つしかない、時価五億円の「王女の涙」というダイヤがあるとしたら、お父さんに買ってほしいですか？　こう質問すると、なんと世のほとんどの女性は「ほしくない」と答えるのである。そう、人間とは面白いもので、手に入る可能性のあるものは「ほしい」と思うのに、全く手に入る可能性がないと、ほしいとは思わないし、そのための努力もしない。つまり、人間の心の中には「手に入らないもの」に対する欲望の回路を遮断するシステムがあるのだ。

「能力が高すぎる」集団に入ると、子どもは追いつこうという欲望を遮断する。むしろ、「勉強をやらない」「授業中いつも寝ている」という「他の生徒がやらないこと」の中に、自分のアイデンティティを見出し、それに安住したがる。それも一種、他の人にできないことであり、自慢の種だからだ。いったん、そういう「優秀な生徒のアンチテーゼ」になってしまうと、今度はそこから抜け出すのが難しい。

もちろん高校でも同じことが起こる。だが中学校では、これに加えて特有の問題点が二つある。まず、ちょうど中学生という時期は、すでに語ったように本当の意味での自我が芽生え始める頃である。その頃合に自分にとってきわめてネガティブな状態にあるのは、本人にとってかなり辛いはずだ。もうひとつは、中高一貫の中学校でこの状態に陥るとそれが最大六年も続いてしまう可能性がある、ということだ。

だから私ははじめのところで、中学受験は思案のしどころ、メリットもあるがリスクも大きい、と言ったのだ。しかも、中学受験では、子ども本人の能力にとって、どの学校に行くのが「少しだけ背伸び」になるのかを把握するのがかなり難しい。前にも書いたように、小学校で成績のいい子の中には「与えられたことを疑問を持たずに受け入れる」タイプの子がいる。こういうタイプの子は、そのままでは正直に言って伸び代（しろ）は小さい。

反対に、結果としての成績は伸び悩んでいるけれど、それがいわば発芽前の沈黙の時期にすぎない可能性もある。それを子どもの様子から判断する方法はおそらくない。もちろん、時期がどうであれ子どもの将来を正確に予測することはできるはずもないが、この時期は中でも最もリスクが大きいことを意識しておくべきだと思う。

メダカの学校

中学受験にはもうひとつのリスクがある。これまた「受かってしまう」リスクだ。ただし、今度の対象は中堅校、つまり滑り止めで受ける学校である。もちろん、どの学校が滑り止めかは子どもの実力によって異なる。だから、もちろん他の受験生にとっては滑り止めでも、本人が第一志望にしている学校にならば、合格したら喜んで行ってよい。だが、第一志望にしても滑り止めにしても、中堅校には特有のリスクがあることは知っておいた方がいい。

まず、滑り止めで入ると、学校や同級生に対する肯定的なイメージが持てない場合がある。これを引きずるとかなり危険である。最初から同級生や学校を見下してしまうと、自分が成長する芽を自分で摘んでしまうことになる。そのまま否定的なイメージを持ち続けると精神的に孤立し、孤独に苦しむ可能性がある。一方、本来肯定しきれないものを肯定しようとするあまり、集団に埋没して自ら低いレベルに同化しようとしすぎる可能性がある。ここで問題なのは、中堅校は中堅校なりに生徒のレベルがそろっているため、「低い」といっても公立のように本当の玉石混交とは異なる、ということだ。

少し棘《とげ》のある比喩を許してもらうなら、中堅校の生徒はメダカの学校になりやすい。ご存知かと思うが、群れの中でメダカはみんな同じ方向を向いている。中堅校の生徒もそれと同じだ。つまり、生徒たちの嗜好が均質化しやすく、将来の進路についても、比較的狭い選択範囲しか見えなくなるリスクが高くなる。公立はリスクも大きいが、生徒の許容範囲が広いので、思考の範囲を広く保ちやすい。言い換えれば、不良学生に脅かされて怖い思いをしたり、教室崩壊というリスクもあるが、不良や「とよとみひできち」が存在を許されるのと同じく、たとえば東大を目指すと言っても多少変人扱いされる程度で大勢からは受け入れてもらえる。これが公立中学のもっとも大きなメリットだ。私立だと生徒の層がそろってしまうため、ある種の選択が「当然」になりやすい。

現状肯定は危険な誘惑

これは（もちろん想像だが）女子校にとても強く見られる傾向である。すでに何度も語っている通り、女になったことはないので、女性のことは想像で書くしかないが、観察していると、女の子はいろいろな意味で、周りに流されやすい。簡単にまとめると、女性には「周囲と同じだと安心する」という習性がある。ファッションや流行がそうだろう。別に根拠があるわけではない。ただ「××がいい」ということになると猫も杓子もそっちに行く。個人差はあるが、女性にはこの傾向があるようだ。その意味では、今は社会全体が女子化しているのかもしれない。受験を含む子育ての世界でも今ではみんな同じ方向を向いている気がするが、それは「母親」が主導権を握っているからだと思われる。今の時代、男は「草食系」のふりをするところからはじめて、「死んだふり」をすることで平和を演出しているのだろう、おそらく。

ただ、周りに合わせすぎることで、自らの可能性に限界を設けてしまうのが果たしてよいことなのか、にはかなりの疑問が残る。いい加減大人になれば、ある意味諦めも含めて自分の現状を肯定することが必要になるが、若い人の安易な現状肯定は成長の芽を摘む危険な誘惑である。中学から私立に通わせる場合、この点はよく考慮しておくべきである。

だってビジネスだもの

そしてもうひとつ、中高一貫の中堅校に特有の問題点もある。この種のことを書くと学校からクレームが来る可能性があるが、でも事実なのだからはっきり書かせていただく。

幼稚園から大学まで、私学はすべて営利を目的にして運営されている。ビジネス的成功は彼らにとってきわめて重要である。こう書くだけで反発を受けるかもしれない。「わが校は、創立者のほにゃらら先生のお作りになった建学の精神に則り、将来有意の若者を育てることを第一義に考え」云々という能書きである。なぜ私学がこういう建前にこだわるのかは謎といえば謎だが、まあ日本では（コートジボアールでは違う、という意味ではない）「お金」＝「下世話」というイメージが強いため、ある意味仕方がない。でも、何もビジネスであることを否定する必要はないのに、とは正直思う。

さて、ビジネスで成功するための第一の要件は、もちろん、名前を、それもよい意味で知られることだ。そこで私学はさまざまな手を使う。学校が名を上げるためには何かに秀でていればよい。「何か」はスポーツでも書道でも、それこそ何でもいい。だから私立の大学の中には、その大学に存在する必然性のよくわからない留学生に駅伝などを走らせて優勝争いに食い込ませ、その胸のゼッケンに躍る大学名をテレビに大映しにする、などという荒業を使うところもある。

東京六大学の謎

東京六大学野球から東京大学が締め出されない事情もそのあたりにあるのではないか。東大野球部の人に気を悪くされると困るが、私の在学中、ノンポリ学生は神宮で「百連敗するかどうか」を賭けて喜んでいたほど、東大野球部は弱い。六大学の対戦校は当然五校で、二敗すると負け越しが決まるので、ワンシーズン十連敗を十シーズン続ければ百連敗が完成する。年に２シーズンずつあるので、五年間負け続ければよいのだ。ところが、これがなかなか達成できない。なぜかワンシーズンに一回くらい、それも立教あたりに勝ってしまう。「百連敗はおろか五十連敗も難しい」と言ってよく笑っていたものだ。それほど弱いのに東大が六大学野球からはずされないのは、(おそらく誰も認めはしないと思うが)「東大」が消えると「六大学」のブランドイメージが低下するからである。

進学率はブランドイメージの鍵

だが、スポーツやらで名を上げようとすると、たとえば「日本一」になったりしなくてはいけないわけで、これはかなりハードルが高い。それに比べて大学進学率はハードルが低いように見える。だから、今やどこもかしこも、とうとう都立高校までが、「大学進学率」を売りにして商売をするようになった。

都立高校は、無定見の結果平等主義のおもちゃにされ続け、これまで散々もてあそばれてきた(私の卒業した都立高校などは、私の時代には東大に毎年二十人以上、早稲田あたりには百人くらい合格したものだが、いまや見る影もない)が、さすがにこのままではその存立が危うくなり、ひいては教員が失業することに危機感を持ったのか、「進学重点校」などという言葉を捏造《ねつぞう》して色々やっている。あるべき高等教育といった筋論からはともかく、ようやく商売の本質が見えてきた、という点では喜ばしい限りだ。

中高一貫の罠

そういう「進学率向上」の切り札として私立の学校が編み出してきた技が「中高一貫教育」である。この制度には学生にとって色々なメリットがあると喧伝されてはいるが、本当にメリットがあるのは学校の方である。要は「青田買い」だ。東大進学率の高い国立大学付属校や有名私立校がこの制度を利用しているのにあやかり、自分たちも、というわけである。私がかつて勤めていた某高校でも同じ理由で中学との連結を図っていた。

私もそのカリキュラムの作成に関わったが、要はいかに有名大学合格者を「出す」かが最初のテーマだ。「増やす」ではない。まず「出す」のが大切だ。巷に出回っている高校便覧の進学先の欄に「東大：1」と書いてもらうのがその種の学校の経営者の夢である。もちろん一度数字が出れば、今度は「増やす」である。数字は大きければ大きいほどいい。最近（2011年あたり）は「東大」に加えて「医学部」も人気だ。前にもどこかに書いたが、医者は今後それほど割に合う仕事ではなくなっていくと予想される。事実、歯学部はかつての人気が嘘のようである。

都市部では、ほとんど就職先（新規開業を含む）がないからだ。でも、世の中が不安定化する中、少しでも有利な資格を得たいという親御（たまに本人）と学校の思惑が一致して、医学部人気はすさまじい。

生徒は兵隊

東大などの、有名大学進学率を上げたいと考えた私立校は、少しでも多くの優秀な生徒を早めに囲い込みたい、と考える。もちろん経営的には実に理にかなっている。ただ、そういう学校経営の避けがたい問題点のひとつは、そういう学校にとって、生徒は顧客であると同時に兵隊でもあるということだ。そこで中堅校ではまず一流校を受ける学生の「滑り止め」として認知されることを目指す。方法はいろいろだが、最近の流行は成績優秀な合格者に学費免除を与えたりする特待制度だろうか。こういうえさで釣って、彼らはそういう「ポテンシャルのある学生」が一流校の試験で失敗するのをじっと待つ。もちろん成績上位者のほとんどは一流校に受かってしまうが、中には一見成績がよくても実力に欠ける者（うちの息子のような連中だ）がいて、第一志望の試験に滑ってしまう。もちろん不合格にまぐれはないので、そういう生徒には何らかの問題点があるのだが、贅沢は言っていられない。少しでも優秀になる可能性のある生徒は囲い込みたいのが彼らの本音である。もちろん、その学校を第一志望にして入学してくる生徒たちと彼らを競わせたいという思いもある。

入学させた生徒に対し中堅校が行うのは、成績による生徒の選別である。「特進クラス」のようなものを用意し、生徒同士の競争心をあおる。かなり厳しい姿勢で生徒に臨み、絶えず勉強させようとする。学校内での補習などというのも熱心に行う。だからある意味ではとても生徒思いのいい学校である。

勉強をさせすぎる⁉

実はこういう学校の最大の問題点がここにある。彼らは生徒に勉強をさせすぎるのである。それも皮肉なことに、大学受験、という試験を目標にしすぎているため、本来大学受験の成功に必要な知恵の向上ではなく、前のめりになって不必要なほど知識を与え続ける傾向にあるのだ。それを彼らは宣伝文句の中で自ら認めている。たいていの学校はこう謳う。「高校の学習内容を高校二年生までで終わらせ、そこからは受験準備を行う」と。六年かけてやるべき内容を五年で終わらせるためにはどこかで詰め込む必要がある。つまり最初の五年間詰め込み教育を行った後、一年は受験教育でいっそう生徒を駆り立てる、と宣言しているに等しい。

これまでの私の話をよく読んでいただいた読者ならわかるはずだが、受験に必要なのは知識ではなく知恵である。そして知恵は自我の確立と、制約の少ない中での丁寧な思考訓練、観察力の養成を抜きにしては手に入れることはできない。だが、中堅校は大学受験で成果を上げるという目標に邁進するあまり、そういうゆったり育てることを忘れてしまう。これが生徒を「兵隊」だと思っているという意味だ。

もちろん、それで受験の成果は上がる。有名大学に進学する者も出てはくる。だが、長すぎる勉強に疲弊して進路を誤る学生も少なからず出るのだ。それは（決して学校側は認めないが）学校にとっては「必要な」犠牲者である。そういう中堅校に子どもを預けようと思うことは決して非難されるべきことではない。子どもによい将来を与えたいという親御の思惑と、大学進学率を上げて名声を高めたいと言う学校側の思惑が一致しているのだから、お互い納得ずくではある。だが、子ども本人がそれをどう思うかが難しい。いや、どう思うにしても、それは多くの場合親に影響された判断である。子どもの自我が本当に目覚め始めたとき、もちろんその子が自分の環境を肯定的に考えてくれるかどうかがわからないところがリスクなのだ。どういう判断をするにしても、中学校入学時点で何かを決めることには大きなリスクが伴うことは是非理解した上で判断してほしいと思う。

一流校の余裕?

皮肉な話だが、同じ中高一貫校でも、いわゆる一流校はそういう受験教育をしない。というか、ほとんどの場合、学生を放任する。前に書いたとおり、それでも生徒同士の間にあるライバル意識が、学生の能力向上に有効に働くからである。そういう学校は定期テスト以外に年に何回か校内の実力テストを行って、生徒たちに全体の中での自分の位置を知らせる程度のことしかやらない。授業カリキュラムにしても、大学受験を前面に出した形にはしないし、いわゆる休暇中の補習授業もほとんどない。

私の息子は高校からそういう学校の一つにいったが、何しろ入学前の説明会で「大学受験に向けて入学前に何をさせたらいいでしょうか」という前のめり過ぎなある母親の質問（いくらなんでも、高校受験が終わったばかりなのに、とさすがにあきれて聞いていた）に対し、先生の回答は「まあスマブラ（その当時流行していたテレビゲームの名前）でもやっていていただければ」であった。まさに殿様商売の典型である。だが、ある意味では理想の教育環境でもある。ただし、子どもにとってそこが「少し背伸び」の状態でついていけるのであれば、である。だからその環境が入学しているすべての子どもにとって理想であるとはとてもいえないことは指摘しておかなくてはならない。私は今でも、息子が高校でその学校に入学したことを本人のためによかったと思っているが、先に述べたような実力のない状態で中学校から入学していなくてよかったとも本気で思っている（中学ではそこを受験したわけではないが）。

公立中学が教えてくれること

繰り返しになるが、日本全体を見渡せば、中学でさえ私立に進学する子どもはごく一部でしかない。ほとんどの子どもたちは公立の中学に進学し、そこで自我の目覚めを迎える。

公立中学と私立中学の違いは何か。それは選択肢の数である。公立中学では、「勉強」は選択肢の一つでしかない。私立中学では、スポーツ推薦などの特殊な入学理由を除けば、生徒は基本的に「勉強」を目的としてきている。それもほとんどは「大学受験の準備」だ。だが、公立の生徒は違う。もちろん中には単純に勉強との不幸な出会いのせいで嫌いになってしまっただけの子どももいるだろうが、それこそ自我に目覚めた結果、自分の向かうべき道は勉強ではないと思い決めているのもいる。これは、将来「勉強」を選択する子どもにとってもぜひ知っておくべき重要な事実である。世の中には、勉強に価値をおかない考え方もあるのだ。今の時代、勉強を選択するのがまるで当然であるかのように思われているが、もしそう思っているならその考えは改めたほうがいい。学力は一つの能力であるが、それは単にそれだけのことである。学力の多寡は人間の価値の有無とは無関係である。勉強ができるからといって人間として尊敬されるわけではない、ということは人生の出発点において子どもに是非認識させたい事実だ。もちろん学力という才能に長けていることは非常に貴重である。でも、それは足が速いのと同じことである。どちらも立派だが、どちらが優れているということはない。それはライオンとサメのどちらが強いかという質問が無意味なのと似ている。さらに、特に何かの能力に秀でているわけでない人間と足の速さであれ賢さであれ優れた能力を持つ人間との間にも、人間としての価値の違いはない。どんなに星と風と潮の流れを読むのが得意な水先案内がいても、オールを持って漕《こ》ぐ者たちがいなければ船は難破する。もし一人の水先案内人と百人の漕ぎ手の乗った船があり、何かの事情でその中の一人が命を捨てなくてはならないとき、おそらくはその人物は漕ぎ手の中から選ばれるが、それは水先案内人に人間としての価値があるからではなく、特定の用途に対する能力の代わりが他にないからにすぎない。漕ぎ手の中で、水先案内人の能力を盗むだけの鋭敏さがある者が一人いれば、事情は一変する。おそらくそのときは命を捨てるのは水先案内「しか」できない人物である。そうすれば船は漕ぎ手も水先案内人も失わないですむ。それは単に「全体の利益を最大化」するための行為にすぎず、それぞれの人間の価値の多寡には関係がないのだ。

ここまで冷徹に考え抜かないにしても、学力が相対的な価値の一つにすぎないことを知ることは、学力を糧《かて》に世の中を渡っていくことを志向する人間が等しく知っておかなくてはならない教訓である。そういう教訓を、自我の目覚めとともに中学生のときに経験できることは、公立に通うことの大きなメリットの一つであると認識すべきである。

禍福はあざなえる縄のごとし？

そしてこのことに限らず、どんなことでもメリットだけがあってデメリットが一つもないことや、デメリットだけでメリットが全くないこともありえないということも、親子ともどもしっかり認識すべきだろう。たとえば私は東大に行ったが、そのため早慶戦で数万の同胞と熱く盛り上がるという経験はできなかった。文学部に行ったおかげで法律にも経済にも疎《うと》く、人体解剖さえ経験したことがない。

選択肢が二つ以上ある場合、それぞれのメリット、デメリットの大きさは実はほとんど変わらない。もし一方がもう一方よりも圧倒的に有利だというなら、もう一方の可能性は消えてしまうからである。だから、中学校に私立を選ぶにせよ公立を選ぶにせよ、異なる種類のメリット・デメリットが同じくらいあると認識した上で選択すべきだ。一方を選べば必ず幸せ、などという単純な価値観が揺さぶられないまま一生を終えられるとしたら、それこそありえないほど幸運、ということになる。

大学は日本中にある

中・高等教育において、都市部とそれ以外では、先ほども述べたように事情が全く異なる。地方では「私立」という選択肢があまりない。だから子どもを都会へ留学させようと考える親でもない限り、ほとんどの場合は公立に進む。日本ではイギリスのようなBoarding School（寄宿学校。『ハリー・ポッター』に出てくるホグワーツのようなところ）は極めて少ないが、それはやはりニーズがあまりないことを反映している。

もちろん、公立に進むことには何の問題もない。だが、その先の選択肢まで限られているとすれば、それはもったいない話である。でも、地域によってはそれがまだまだ現実らしい。地方の親御には地方の親御なりの固定観念が強いようなのだ。

私は特定の予備校に属しているため、それ以外の場所で授業をすることは少ないが、たまには地方の高校や予備校で出張講義をすることがある。そういう時に、地元の先生たちの話を聞くことがよくあるが、それによると、何しろ地方の壁は厚いと言う。つまり、遠くの大学を受験させることと自体に親御をはじめとする身内がこぞって反対するのだそうだ。だから、そもそも塾・予備校に行くこと自体に理解が得られない場合もあるらしい。ましてや、東京の大学を受験するなど、はじめから考慮の対象にさえしない親御も多い。中には、かなりの素質があると認められるのに、地元の学校以外には行かせてもらえない若者もいると聞く。

これを聞いて、思い当たる節がある。それが昨今の東京大学の動きである。具体的には一定の年収以下の家庭の学生には無条件で学費を免除する、という制度や、地方に出かけていって説明会を行う、女子専用の説明会を行うといったことを指す。つまり東大には東大なりの危機感がある、ということである。実は同じような制度をアメリカの（私学だが）ハーバード大学が行っている。つまり、いまや世界規模で頭脳の取り合いが始まっているのだ。前にも書いたように、賢いから人間の価値が優れているわけではないが、今の時代には賢いことは有益なことであり、その才能を持って生まれた以上、それを国家、いや世界全体のために活用すべきだという考え方が世界の多くの国々で広まりつつある。そのためにはまず高度な知的活動に参加する人の母集団を大きくする必要がある。東大が女子に注目しているのはその一つの大きな表れだ。何しろ世界の人口の半分は女性であり、その中には知的に優れている者もかなりの数含まれているはずだ。だが、東大は女子に人気がない（東大生は一部の女子に結婚相手として妙に人気だが）。私が東大に入った年、確か理科一類（理系の中で、数学や物理を専攻する者の属する科類）の入学者1052名のうち、女子は1名だった。さすがに今は多いのだろうと思ったところ、今でも理一では女子は数十人らしい。私の授業も女子に人気がなくて困っている（自分の名誉のために言っておくが、決して私がセクハラおやじだからではない。どうも本当のことを言いすぎるのがいけないらしい）が、いかな東大とはいえ、国民の半数にそっぽを向かれているのではさすがに辛い。同じことが、地方出身者にも言える。地方にも賢い子どもはたくさんいるはずだ。だが、どうも保守的な考え方に阻まれてなかなか東京に出てくる勇気がもてないらしい。勇気はあっても、親の反対を押し切ってまで、という子どもも多分多い。だから東大は、授業料無料を打ち出したのだ。それが親の反対を押し切ろうとする子どもたちへのいくらかなりの援護射撃になることを狙っているのは明らかである。

若者に翼を

私としては、そういう地方の親子に、もっと世界全体を見つめることを是非求めたい。それこそ、日本の大学にこだわる必要さえない。世界には色々な知性があり、人類にはまだまだ解決すべき事柄も多い。その一翼を担える若者たちは、別に都会に限ったことではなく、はるか遠い片田舎にもかなりの数いるはずだ。そして、住んでいるところが都会であろうが田舎であろうが、子ども本人の生き方は子ども自身に決定権がある、ということも同じはずである。なかなか理屈だけで説得するのが難しい分野であることはわかるのだが、是非それぞれの才能を生かす最良の道を地方の子どもたちにも与えてあげてほしい。一見選択肢がないように見えても、見る範囲を変えて見てみれば、実は豊かな選択肢がある。地方の親子にはそういうことを是非認識してもらいたいものである。

自我の目覚め

さて、どういうルートでどういう学校に入ったにせよ、中学生になった子どもたちはいずれ自我の目覚めを迎える。繰り返し言ってきたように、親御としてはそれをじっと待つ必要がある。その兆候の最初は「自分の部屋をほしがる」ことだ。年上の兄姉がいる場合はその兄や姉に刺激されて、もっと幼いうちから自分の部屋を望むこともあるが、それは単に他人の尻馬に乗っているだけにすぎない。自我が目覚め始めると、どんなに狭くても自分一人になれる空間がほしくなる。もちろん親御を含めた大人には言えない秘密も持つようになる。大人なら皆身に覚えのあることのはずだ。ここからは、もうその本人の人生である。親御としては、この時点でなるべく多くの選択肢がある状態にしておくこと、そしてそれぞれの選択のメリット・デメリットをわかる範囲で伝えることを心がけることだ。

この段階までくると、親御が子どもを上から見下ろすような視線で見ることをいかにやめるか、が親御に課された第一の課題だろう。もちろん、だからといっていきなり子どもに弱さを見せつけるようなことはあまりお勧めできない。まだ子どもは巣立つことはできない。巣の中は暖かく、安心できる場所であるのが本来は一番いい。ただ、理想論ばかりでは現実には対応できない。むしろ積極的に現実を見せていくことの方が、子どもの精神的成長には寄与するかと思う。どこの家庭でも、子どもが中学生になるくらいから大人同士のいろいろな問題が発生し始めるはずだ。

祖父母の介護、そして死は、中でもほとんどの家庭が避けて通れない問題だろう。そういうことを含め、家庭内そして周囲の社会にある現実を正しく見つめるように促すことがこの時期最も親御に求められることである。

高校に進むことは自明ではない

進路についてもそうだ。そもそも高校に行くのか否か。ほとんどの家庭では、この議論を行わないのではないか。だが、高校は義務教育ではない。行くなら、子どもの方から願い出るのが筋である。それも、たとえば普通高校に進むのならば、国語、数学をはじめとする勉強分野について、中学までよりいっそう勉強したい、というはっきりした動機を持つべきだ。こういうことを書くと、時代錯誤だという指摘を受けそうだが、それは違う。筋論は筋論としてしっかり維持すべきだ。もし、「誰もが行くから高校へ」というのが世の中の正しい現実だというなら、高校も義務教育化するなどして、制度的にそれを担保すべきである。それをないがしろにしたまま、みんなが行くから、というようないい加減な動機を許容するから、高校の教室が荒れるのだ。「勉強したくなければ行かなくてもいい」のは本来正しい議論である。もちろんそれによるメリット・デメリットがあることを伝えた上で、子ども本人にどうするのかを決めさせるべきである。世の中建前と本音の乖離《かいり》を嘆く人が多いが、本気でそう思うならまず自分の家庭内から始めるべきであろう。

多くの家庭でこの議論を避ける最大の理由は、親御の方が子ども本人よりも子どもの高校進学を願っているからにすぎない。高校へ行く以外の選択肢を提示して、万が一にも子どもが「その手があったか」と考えるようなことがあっては、親御の方が困るのだ。寝た子は起こすな、というわけだ。世の中の大勢と同じルートを通っていれば、それほど大きく外れることはないだろう、という考え方である。私は、そのような考え方そのものを非難する気はない。ただし、それはその進路を選ぶ本人がそれに納得した上でなら、ということである。

確かに世の中には色々な選択肢がある。散々世話になっているのにこういう言い方をするのもなんだが、公務員の中には、日がな一日戸籍や住民票のコピーをしている人もいる。別にその人を貶めているわけではない。世の中にはそういう仕事も必要だ。もちろんそういう仕事は有意義だし、誰かがやらなくてはいけない。私がこうして使っているＰＣのキーボードに印刷されている文字のデザインをやっている人もいる。そういう仕事も有意義だし、誰かがやらなくてはならない。

一方で、ウナギの卵を発見するために、日夜努力する人もいる。そういう仕事が必要かどうかはわからないが、誰かがやってもかまわない。文筆業を目指しながら、スーパーの広告のチラシの文言を考えている「ライター」もいる。そういう仕事も有意義だし、誰かがやらなくてはならない。しかもその人物は、仕事の合間にひたすら売れない小説を書いているかもしれない。そういう仕事は全く必要がないが、誰かがそれをやっても止める理由はない。暗いうちから荒れる海に出て、イカを捕ってくる漁師もいる。そういう仕事は有意義だし、誰かがやらなくてはならない。こうしてつまらぬ雑文を書いて、それを出版してひと儲けしようとたくらむ輩《やから》（私のことだ）もいる。確かにこんな本にはほとんど存在価値はないが、でも書いてはいけないという決まりもない（爆）。

職業がアイデンティティにならない現実

だが、我々は若い人に将来を語るとき、そういう現実を伝える努力をほとんどしていないのではないか。実態のよくわからない「生きがい」「やりがい」を無理やり仕事に求めようとしてはいないだろうか。だから将来の夢といえば相変わらず「医者」や「弁護士」なのだ。でも、はっきり言うが、世の中にそんなに医者や弁護士は必要ない。もっと言えば、医者や弁護士がやりがいがあるという保証もどこにもない。世の中は、もちろん医者も弁護士も整体師も政治家も為替ディーラーも科学者も宅配のドライバーも会計士も、予備校の講師は当然、いくらでも「代わりのいる存在」だけで構成されている。合衆国大統領にも副大統領という代わりがいる。

この巨大化した社会では、職業にアイデンティティのよりどころを求めるのは、もはやほとんど不可能である。ごく一部の有名人はそうではない、と思っている人はその想像力の欠如を嘆いたほうがいい。もちろん私は女と同様有名人にもなったことはないが、それでも有名人は「有名」になった瞬間からアイデンティティの喪失に苦しみ続けるのだろう、ということぐらいは想像がつく。世の中が期待する「へにゃららほに太郎」や「シャバドゥビ子」と自分の中から見ている「自分」との乖離、すなわちずれに苦しむのだ。しかも自分の「名前」には次々と経済的にすがる人が現れる。身内親戚であれ、所属する団体の職員であれ、その生活が自分の、それも自分でない「名前」の行動に左右されるのだ。

この中で本来の自分を維持しつつ周りの期待にも応えていくのは並大抵の苦労ではないことは容易に想像がつく。無名な我々の社会における無名性の居心地の良さは、おそらく失って始めて実感できる類のものだ。無名作家は誰からも注目されていないがゆえに思いのままの言葉を書き連ねられる。有名作家は世間から注目され、出版社からは利潤を期待されるため、冒険ができない。作風を前作と大きく変えることも、文体を変えることもままならない(それをあえて「売り」にしているなら別だが。だが、これだと反対に同じ手は二度は使えない)。この不自由の中で自分を失わずに筋を通せるなら、それは本当の巨人であり、稀代の天才である。

つまりこの巨大化した社会の中で、職業を自分のアイデンティティ、すなわち自己の存在理由にするのは不可能なのだ。だがいまだに多くの若者が「職業=存在意義」と教え込まれている。誰がこの陰謀をたくらんでいるかは謎だが、ほとんどの親御は、いまだにその片棒を担いでいる。

ニューヨークの朝が教えてくれた

ニューヨークの冬は寒い。そして危険だ。別に犯罪被害者の話をしているのではない。かの地にも冬になると雪が降る。そしてそれが凶器になることもある。そう、何しろ摩天楼の街なので、高層ビルの外壁にも雪が積もる。それが夜の寒さで凍り、朝になって気温が上昇するとともに溶けて下の歩道に向けて落下するのだ。

私がニューヨークに滞在していたそういうある朝のこと、ニュース番組を見るともなく見ていると、今日の天気と落下する氷雪の危険について語っていたアナウンサーが、画面を見据えて真剣そのものの顔で言った。「この番組をご覧の視聴者の皆さん。あなたの勤務先は、あなたのことを全く必要としていません。あなたが出勤しなくても世の中は通常通り動き、何の損失も蒙《こうむ》りません。もう一度言います。あなたは会社から全く必要とされていないんです。だからお願いです。今日は会社を休んで一日家にいましょう」

この発言は大いに物議を醸《かも》した。翌日の新聞によると、そのアナウンサーの所属するテレビ局には数千本の電話があったという。面白いのは、抗議電話はその二割内外で、残りは皆「よく言った」というものだったという。そう、今や誰かが言ってやらなければならないのだ。「あなたは必要ないよ」と。

なぜ日本人か

日本人にとっては建前と本音の使い分けは重要なのだ、と思っている人に言っておきたいのだが、そういう考え方自体が時代錯誤なのだ。私の周囲にいる若者が就職活動中（その呼び名がいつまで続くのかは知らないが、今では「就活」と呼ぶらしい。MS-IME2007では自動変換できないので、まだ世間的な認知は低い……と思っていたら、MS-IME2010ではできた）に、某社の採用担当の役員に、こう言われたそうだ。「なぜ中国人やインド人の代わりに、あなたを雇わなくてはいけないのか、その理由を教えてほしい」。そう、今や「日本人」という閉じた系自体が成立しなくなりつつある。それどころか、会社に入ったら、上司は全員外国人、などということも普通に考えられる時代である。もう「我々は日本人である」というアイデンティティ自体が消滅しつつあるのだということを認識してほしい。

我々にある選択肢

こういう時代に我々の考えられる選択肢は二つある。ひとつはそういう事実を認識した上で「職業こそ存在証明」と考えて職業にすべてを賭けるか、あるいは「職業は生計を立てる手段」と割り切って、他の事に自己の存在証明を求めるか、である。もちろんこれは、一度選んだから一生変えられない、という選択ではない。だが、まずはそれを「選ぶ」ところから始めなくてはならないのが、若い世代が置かれた現状なのである。もはや東大に合格して「医者」「弁護士」「有名企業の社員」「高級官僚」になることが無条件な幸せへの道だなどという考えは、ドラえもんの存在は信じている幼児にさえ相手にされない幼稚な幻想である。

ワンノブゼム、かつオンリーワン

あのね、お母さん、あなたがご自身の「子ども」に自分の存在証明を求めに行くのはある意味無理のないことなのだよ。何しろ、あなたがいなければその子は生まれてさえこなかったのだから。子どもを誇りに思うことは完全に正しい。子どもはあなたの存在証明だ。女になったことのない私には実にうらやましい事実である。

だがね、子どもの行っている学校や就《つ》いている職業にそのよりどころを求めるのは完全に間違っている。それは自分の学歴や職業に存在証明を求めるのと同じく空しい行為だ。息子が東大に入った？　そりゃあけっこうなことだ。でも、毎年東大生になる人間は三千人もいる。しかもインドや中国にはそれぞれ十億を超える国民がいて、そのうちの数パーセントは確実に東大に入る若者と同等かそれ以上の知性を備えている。だからいくら子どもを駆り立てても、それではワンノブゼム（one of them: 大勢のうちの一人、つまり有象無象、という意味の英語）であることに変わりはない。

むしろその子どもが何をしても、その子どもが「あなたの子」である事実に変わりはない。考えてもみよう。生まれたときは、ただ泣いていただけだったのだ。それが首が据わり、寝返りを打ち、這い回り、やがて立ち、口を利き、しまいには嘘と憎まれ口まで言えるようになった。学校に行き、自我に目覚め、親に隠し事をし、とうとう高校生になるかどうかを自分で決められるようにさえなった。それとももう大学か？　もうすぐ成人して、一人前の鳥になり、自ら羽ばたこうとしている。そのすべては、お母さん、あなたがもたらしたのだ。まあお父さんもちょっとは関わっているけどね。だからお母さん、世間があなたの子どものことをどう評価しようと、あなたの子どもは世界一なのだよ。あなたにとって。お父さんにとって。その上で、もしあなたの子どもの本当の幸せを願うなら、子どもが高校に入るころが近づいたら、もう黙って見守ることにしよう。それがお互いに可能になるように、もっと幼い頃から、順を追って一人で立たせるようにしよう。それはご自身が子どもから自立することでもあるのだ。

子育ては子どもからの自立

そう、子育て＝子どもからの自立、である。これができないとまさに「モンスターペアレント」になる。世の中にはさまざまな「モンスターペアレント」の定義があるようだが、私の目から見ると、子どもが自立できる年齢になっても子どもにしがみつく、あるいは子どもをしがみつかせる親御は一種のモンスターである。

たとえばお母さん、あなたは息子や娘が東大に入ったら、入学式に行きますか？　ＹＥＳなら、失礼ながらモンスターの素質がある。ほらほら、何でいけないの？　と思ったでしょ。だって大学ですよ、幼稚園ではなく。それに、何のために行くんですか。総長のお話を聞く？　賭けてもいいけどつまらないですよ。ご自身の入学式や卒業式の偉い人のお話が面白かったためしがありますか？　ねぇ、正直になりましょうよ。え？　ただ単に息子や娘の晴れがましい姿を見たいだけ？　だったら入り口で見送って帰りましょう。それよりいっそ、家の玄関で見送っちゃどうです？　それじゃご自分が美容院に行ったり着飾ったりできない？　思い出してもらえますか？　どなたの入学式なんでしたっけ？　息子に一緒に来てくれとせがまれた？　そりゃ大変だ。一度息子さんのことをカウンセラーに相談されてはいかがでしょう？

もはや子どもではない

ずいぶんあしざまに言うと思われた方もおられるだろうが、これだけははっきり言わせてもらう。大学の入学式にのこのこ出かけていくようなメンタリティを親御に肯定させるわけにはいかない。予備校で講師をしていて最近悲しい思いをすることが多いのはほとんどがこの点である。私は予備校というのは相手にするのが浪人生でも現役生でも、生徒を大人だと考えて接するところだと思っているし、またそうであるべきだと考えている。授業に出るにしても出ないにしても、勉強するにしてもしないにしても、どこの大学を受けるにしても、それは大人である生徒本人が決めることであるし、またそうであるべきだ。「大人」と考えるということは、親御のことはある意味無視してよいということである。

たとえばお父さん、あなたが何日か無断欠勤したら、会社はどうします？　ただあなたを叱責するか、クビにしますよね？　会社の人が、あなたの親御さんのところまで行って、あなたより先に「お宅の息子さんが会社に来ないんですけど」と言ったりしたらどう思います？

本当の顧客は誰だ？

ところがどうだ。最近の予備校のサービスの多くは「親御向け」だ。出席チェックはもちろんのこと、何日か続けて休むだけで自宅に電話がけである。小学生の塾ならまだしも、大学受験用の予備校で、である。経済観念の発達したお父さんなら当然理解できると思うが、それには莫大な経費がかかる。まさか、無料でやっているとは思っているわけではあるまい？　しかも、そういう「面倒をかける生徒」にばかりその経費は使われる。本来正しい生活を送っている予備校生とその親が割を食うのだ。なぜかって？　その経費の分、当然「授業」というサービスのランクが下がるからだ。下げるな、といっても無理だ。そしてもちろんこれは全員に影響する。成績だって、親向けの親展で発送される。それで勉強しているかどうかがわかる？　では普段子どもの様子を見ていて勉強しているかどうかさえ把握できないのか？

もちろん、単に出資者である親御が無駄なことに金を払って損をするだけなら、別に本人の勝手だ。だが、そういう親の介入によって、予備校と学生との信頼関係が揺らいでいるのだから、私としては黙っていられないのだ。予備校生、もちろんこれは現役でも浪人でもいいのだが、我々は彼らを「大人」として扱いたい。大学受験という人生において最も重要な決断の一つをするに当たって、彼ら自身の目で物事を見、判断してもらいたいからである。それは同時に、「信頼関係を作る」ということでもある。学生が予備校に何かを言ってきても、それを我々は自分と彼らの間だけのことと考えて対処する。何を聞いても本人とのみ向かい合う。そういう信頼関係が築けるからこそ、彼らは我々に本当のことを話してくれ、そこから彼らに掛け値のない現実を伝え、彼らが本当に認識する必要のあることを教えられるのだ。そのために一番必要なのは、彼らを人として尊重してやることである。

先ほどお父さんの会社の行動をたとえ話に使ったが、お父さんがそういうことをされると不愉快に思うのは、相手が自分をないがしろにしている、と思うからである。何しろ、頭ごなしに自分のことを第三者に伝えられるのだ。面白いはずがない。出席であれ成績であれ、本人だって問題があれば問題があると自覚しているはずである。それを本人に伝えて議論するならともかく、頭ごしに親御に伝えるのは、どう考えても予備校の存在価値を自ら減衰させる行為であると思う。ではやめればいいではないかって？　もちろん個人的にはそうしたい。だが、勤めている予備校にそう言うと、返って来る答えは毎回次のごとくである。「おっしゃる通りなんですが、なにしろ××塾がそうやっているものですから、ウチとしてもやらない、というわけにいかないんですよ……」。ことほどさように、金儲けはすべてに優先するのだ。そりゃそうだ。ビジネスである以上、利益を大きくするためにはどんな愚かしい行動でもやらなくてはならない。それがひいては顧客の利益を損なうとわかっていても、顧客が喜ぶことをやるのがビジネスである。よく、どの国の国民もそれにふさわしい政府を持つ、といわれるが、それはビジネスの世界でも然りである。顧客はそれにふさわしい水準の企業を持つ。

モンスターの行き着く果て

しかも、モンスターたちは今や大学、その先にまで押し寄せようとしている。大学受験に親を連れてくる、などというのは我々の時代には物笑いの種であったし、ついてきた親御たちも当たり前だが一日手持ち無沙汰で、その辺をうろうろしたりしていたのだが、今ではなんとそういう親御のために控え室まで用意する大学が現れている。世も末である。入学試験の対象が受験生であり、いくら受験料をもらっているからといって親御の面倒まで大学が見る義理はない。だが、今では大学は出資者である親御の顔色を伺い、そういうサービスを行っている。もちろんその分の経費は受験料やその他学費から引かれているのだが、まあそれは言いっこなし、というところか。

東大の見識

それどころか、今では私学の中には学生の成績を本人ではなく親御の親展で送付するところがある。私が知る限りでは慶応がそうだ。それと全く反対なのが東大である。何年か前にあった話だが、大学入学後、地方から出てきた学生と親御が仲たがいをし、学生は親御に内緒で引越しをしてしまった。当然学生はその住所を大学に届け出た。子どもと連絡が取れなくなったことに怒った親御が大学の学生課に電話をかけ、新住所を聞き出そうとしたところ、なんと東大は「個人情報だから他人には伝えられない」といってにべもなく断ったそうである。これこそ大学のとるべき態度のボトムラインである。その時、親御は「学費を出しているのは自分だ」と叫んだそうだが、大学はそれは当方のあずかり知らないことだといって取り合わなかったという。そうなのだ。子どもの学費を出しているのは親だ、という論理は実は全く成り立たないのである。金を払っているのは顧客である子ども自身である。その出所が親であろうが奨学金であろうが、支払われている企業にとっては無関係なことだ。どうも最近はそんな初歩的なことでさえ理解できない人が増えているようで、実に嘆かわしい限りである。

「ママー」と叫ぶ講師?

しかもだ。これが常態化することで今どのようなことが起きているか、親御としての立場を離れて考えてみてほしい。たとえば、台風の接近で交通機関が乱れたとき、休講などの問い合わせの電話をしてくるのは八割方親御である。何が問題なのか? だって、通っているのは子ども自身である。その情報を必要としているのは子どもなのだから、子どもが自分で問い合わせればいい。最近はほとんどの子どもが自前の携帯を持っているのだから、自分で電話をすればすむ。そして、なんとそれは受験生だけにとどまらない。予備校でも時折新人講師を募集するが、すると必ずある一定の割合で、親御から問い合わせの電話があるそうである。「息子が講師になりたいと言っているがどうすればいいのか」。そういう電話があると、教務はさりげなく話を誘導して個人を特定し、その人物が履歴書を出してくると即座に書類選考で不採用にする。当たり前だろう。その人物が講師になったとして、もし授業中に説明に行き詰まったらどうするのか？　まさか「ママー！」と叫んで助けを求めるのか？　旅客機のパイロットが操縦中に燃料不足の警告灯が点灯したら？　外科医が手術中に予想外に大きな腫瘍を発見したら？　まさか、「ママー！」なのか？　そういう人々の提供するサービスをあなたは受けたいのかね、お母さん。

親の自覚

どこかで目覚めないと、ひとは自立できない。そのどこかは、一般的には中学生から高校生の間である。ただ、もちろん子どもは甘えられるならそのほうが楽だから、甘やかし続けるとそのままずるずるといってしまう。だから、親御が自覚を持って子どもを自立させなくてはならない。前にも言った。親御は必ず子どもより先に逝く。だから、いつまでも子どもの手を引くのではなく、手を離して一人で歩かせるべきだ。不安はわかる。私も一人で電車通学する息子の後をつけた男だ。偉そうなことは言えない。もちろん、リスクもある。だが、むごいようだがそのリスクを乗り越えていけなければ、その子どもはどこかで行き詰まる。その時、あなたがそばにいられるとは限らないのだ。だから、子どもを自立させ、自らも自立しようではないか、お母さん。どうしても母性本能の行き場がほしいなら、お父さんに行きなさい。え？　今更旦那には燃えないって？　まあそれも無理もないが、じゃあイヌを飼おう、イヌを。猫でもいい。ペットがかわいがられすぎて円形脱毛症になっても、人間の世の中には実害はない。

あえて子どもたちへ

そして子どもたちに言う。大学受験に親を連れてくるのは恥ずかしいことだ。もしそういうのを見つけたら、思い切り笑え。大人として認められたいなら、せめて一人で行動しよう。だいたい、親を連れてきて、一体なんの役に立つというのだ。ほとんどの場合、足手まといにしかならないではないか。一人で不安だという気持ちはわかるが、試験場に入ればしょせん一人である。それに耐えてこその試験である。

もちろん、私の時代にも、親を連れてくる受験生は少数ながらいた。でもそれは、他の受験生に笑いを提供するありがたい存在だった。今と違って当時は切符がないと電車に乗れなかった。で、入試の日は当然特定の時間に受験生が集中するので、切符の自動販売機の前に長蛇の列ができる。それを見越して、鉄道会社は「朝のうちに切符を買って」と呼びかける。私の受験の日もそうだった。私と友人は帰りは別の駅を使う予定だったので、そこをすり抜けて受験会場へ向かおうとしていたとき、甲高い女性の声があたりに響き渡った。それがあまりにも印象的だったので、今でもはっきりと耳に残っている。「まさひこちゃん、先に切符を買っておきなさいって言ってるわよ。ほら90円。間違えないで買うのよ」。もしかして幼稚園児でも混ざっているのか、と辺りを見回すと、いた、まさひこちゃんが。かなり背の高い、無精ひげを生やした青年がこのように言うのを我々はこの耳ではっきり聞いた。「わかったよ、ママ」。ママ⁉　さすがに本人を前にして笑うのは悪いので表の本郷通りまで逃げていき、まさひこちゃんには申し訳ないが、腹を抱えて笑った。試験の緊張など、一気に吹き飛んで行った。合格後に会ったら感謝しようと思っていたが、入学後にとうとう会うことのなかったまさひこちゃんが果たして合格したのかどうか、今となっては知る由もない。

再び親たちへ

もちろんこれは笑い話でも、誰かを貶めるためにしている話でもない。そろそろ我々は、真剣に考えなくてはならない。これまた私は授業中に言う。「日本は資源の乏しい国だ、と言われたら、怒れ。だって豊かな資源があるじゃないか？　え？　何のことだかわからない？　君だよ、君。君たち一人ひとりが我々の持つ貴重な資源だ。そのくらいの気概をもって大人になろうよ」。そうである。子どもたちは、わが国のもっとも豊かな資源の一つだ。だから子どもには、立派に育つ義務があり、親御にはそれを支える義務がある。今更「千尋の谷底」の話をするまでもないだろう。だが、それをするためには、親御にも覚悟が必要だ。リスクを冒して行動する覚悟が。それこそが、子どもたちが人生において、よりよくリスクを冒していくための最良の手本である。その意味においてねお母さん、日本の未来、世界の未来はあなたの手にかかっているのだよ。

第四章
一般の人々
への言葉

責任はすべての人に

ここからは、当事者ではなく外野として、受験勉強に関わっている（？）世間の人々に、勉強のあり方を考えてもらおうと思う。大人であれば、ほとんど誰しも試験勉強を通過したはずだが、いったん当事者でなくなると、当然ながら関心が薄れてしまう。だが、本来はそれでは困る。子どもは世界の最重要資源である。その将来を考えることは、すべての大人たちの第一の関心事でなくてはならない。自分に子どもがいるかいないかは関係がない。人類の未来を考えるうえで、特に少なくとも現時点では恵まれた経済環境にいて、それだけ能力開発の余地の大きい日本という国に暮らす我々にとっては、子どもをどう育てていくかはまさに最重要課題であるといえる。

もちろん、多くの人は教育に関して独自の「哲学」を持っているのだろうが、その良し悪しはともかく、現実を正しく認識したうえで、進むべき方向を選択してほしい。単なる印象や、思い込み、そしてメディアの煽る悲観論や犯人探しに惑わされて、本来あるべき教育の姿を歪めるお先棒を担ぐことにだけはなってほしくない、と私は切に願う。そこで、今何が問題なのか、原則と現状の違い、実態と誤謬《ごびゅう》、といったあたりに焦点を当てて語っていきたい。これまでの内容と重なるところもあるが、それは承知の上でのことなので、辛抱強くおつきあい願いたい。

もてあそばれる英語教育談義

英語教育に関する議論が盛んだ。やれ早期教育に賛成だの反対だの、学校の英語の勉強はいくらやっても英語を使えるようにならないだの、そもそも日本では英語は必要ないだのと、まさしく百家争鳴である。だが、正規教育における英語の価値を考える時、その実用性を云々するのは、実ははじめから筋違いである。専門家でもない限り、大人になってから因数分解をやる人はいないが、だからといって数学が中・高等教育に必要かどうかを議論することはほとんどない。古文など世界の誰も今話していないが、だからといって誰もその必要性を疑問視したりしない。基礎教養云々などという能書きはやめよう。『蜻蛉日記』の作者が誰で、話の内容がどんなだったか、記憶にありますか、お母さん。他のどの科目にしてもそう。中学高校でやったような事柄まで仔細に記憶しているのは、大人になってもそれを専門にやっている人か、それとも特にその分野に興味がある人だけである。

でも、誰もそういう科目を正規教育で教えることについては異論をさしはさまない。ところが英語だけは、「使えるようにならない」というだけの理由で、その科目の存在意義そのものが問われたり、いつからやるべきかが議論されたりしている。これは奇妙な話だが、中学・高校で勉強する科目の中で、唯一英語だけが「実用的な価値を持っている」と考えられているからである。

英語は実用的、という幻想

英語ができれば、と人は言う。国際的な舞台で活躍できる。日本以外の国に行っても困らない。異人種とのコミュニケーションを通じて、様々な価値観を手に入れることができる、エトセトラ、エトセトラ。私に言わせると、この種の見解はほとんどが妄想である。だいたい、人間に与えられている時間は平等であり、Aをできている人間はその間Bはできない道理である。よしんば英語を自在に操れる能力を身につけることができた人間がいるとして、その人間はその分他のことが勉強できていないはずである。英語を勉強する分の時間を他のことに振り向けている人は、その点では英語を勉強してきた人間より長けているはずだ。だから、「英語ができるから有利」という議論は、全く非論理的なものと言わざるを得ない。しかも、他の科目にはそういう「実利」を求めないのに、英語にだけそれを求めるのは、そもそも全くの勘違いである。

小学校では英語はいらない

私は個人的には初等教育に英語を持ち込むのは反対だが、それは以下の理由による。小学校にいる期間に子どもたちが身につけなくてはならないのは、将来生きていくのになくてはならない能力、しかもそれを身につけないと、それ以上の勉強ができない能力に限るべきである。

第三章でも書いたとおり、それは読み・書き・そろばん、つまり国語と算数だけである。人間として生きていくためには、最低限第一言語（我々の場合は日本語だ）と計算力を身につけておく必要がある。理科や社会は、実は現実世界の事柄を言葉や数字といった国語や算数で教わることで説明できるのだ、ということを体験するためだけにあるといってもいい（私自身も、また息子をはじめ周囲の子どもたちも、小学校の理科や社会でやったことなどほとんど覚えていない）。小学校は六年間しかなく、しかもあとから取り返すのはかなり大変である。だから一番基本の部分だけを身につけることをやらせるべきである。

だいたい小学生に「勉強する意欲」など期待すること自体が無理だ。「勉強しよう」と思うにはそれだけの動機づけが必要である。だが、小学生に「将来これこれこういうことに有利だから、今から備えて勉強しておこう」と思わせるなど、不可能に決まっている。もしそんなませた子どもがいたらむしろ将来が心配である。いや、そういう子どもがごく一部に混ざっている程度ならば、まあ誤差の範囲だから一向構わない。

だが、子どもなどというものは、総じて目の前の欲望に弱いものだ。それが人間の素のままの姿だからである。それを抑制し、別の目的のために何かを自律的に我慢できるようになるのは、もっと思春期になってから、いやいや、成人してから、というのが正直なところだろう。だから小学校から高校まで、子どもたちは一貫して「試験」によっていやでも競争させられ、強制的に勉強をさせられるのだ（この点については後で詳しく述べる）。だが、この段階では、将来「勉強嫌い」を生み出さないために、強制的にやらせることは少なければ少ないほどいい。だから、「どうしてもこれだけは」という読み・書き・そろばん（計算のことね）にとどめるのが正しいのである。

中学校での英語教育の意味

では、中学校以上の教育の目的は何か。それは「ある閉じたルール体系を与えられた時、それに従って思考し、対処し、その体系の中で正しい結果を導く能力を養う」ことに尽きる。これまでも何度か触れてきたが、これが学力の正体である「抽象化」だ。それは、大人になってそれぞれの社会システム（会社であれ役所であれ他の職種であれ）の中に入った時、そのシステムの本質を素早く見抜いてそこからルールを抽出し、それを上手に使って生きていくのに、直接的ではないにしても役に立つからである。

一番わかりやすい例として数学を取り上げよう。数学というのはある公理系の上で整合的に成り立つことがらを、数字と論理を使って証明していく作業である。繰り返しになるが、世の大人の中で毎日因数分解をしている人間は千人に一人もいないに違いない。だが、だからと言って数学をやる意義が減じるわけではない。自分とは直接関係のない「系」を受け入れ、そのルールに従って得られる結果を求めるという経験は、将来どのような職業に就こうと生かしうるからである。

実は、英語を学習する意味も同じである。「音声と文字を持つ」という以外、日本語と何の共通点もない外国語という系の中で、そのルールに従って話され、書かれたものを解剖し、またパーツを論理的に組み立てていく、という作業は、将来外国語など全く使わない人間にも有効な訓練である。そういう知的訓練のチャンスを合理的に与えるために、英語という科目は存在しているのだ。別に「将来英語を使って生きていく」ためでは全くない。この部分、つまり「なぜ英語を勉強するのか」という出発点の部分がまったく見えていないまま、実用性の論議ばかりがされていることが今の議論が不毛でかつ有害である最大の理由だと私は思う。

知的訓練の素材としての英語の価値

そういう知的訓練の素材として、英語はかなり優れていると思う。もちろんこれは「日本人にとって」という意味である。なにしろ英語は日本語とほとんど接点がない。使われている文字の種類も異なれば、構造を含めた文法体系もまったく異なる。つまり、自分の持って生まれた「系」が全く役に立たないという点で、英語は日本人にとって極めて異質な存在であり、それだけに「抽象化」の能力を強く求められるからである。小学生では英語をやらない一つの理由がここにある。

小学校でも「抽象化」はそれなりに行うが、それでも自分と全く異なる系における「抽象化」を始めるにはやはりそれなりの精神的成熟が必要であり、小学生には負担が大きすぎる。いや、他の言語ではなく英語だから、中学生でもその抽象化についていけるのだ。というのは、単語のことはともかく、英語はその文法体系が極めてシンプルでわかりやすい。だから「日本語という系を捨てる」ことさえできれば、中学生程度の知的レベルでも、決して難しくはないのである。

自分を捨てるという知的作業

実は英語が数学よりある意味優れているのは、「日本語という系を捨てる」つまり「自分を捨てる」ことを求めてくる点にある。数学は、完全に人工的な存在なので、自分の中の何物をも捨てなくても、かかわりを持つことができる。だが、外国語を習得するときには、そこに「自国語」という障壁が存在する。自国語という「無意識に頭の中にインストールされている体系」をきちんと停止できないと、外国語を正しく運用することはできない。

昔アップルコンピューターが傾いていたころに、ＭａｃＯＳの上で動くＷｉｎｄｏｗｓ95なるものが存在したことがあるが、たとえて言えば外国語学習とはそういうものである。Ｍａｃにとってネイティヴなのは ＯＳはＭａｃＯＳだけである。だが、その存在を裏側に完全に隠し、まるで異なるＯＳで動いているかのように見せかける能力が求められるのだ。間違ってもらっては困るが、これは「英語で考える」という言葉から普通の人が連想することとは異なる。多分「英語で考える」と言うと普通の人は I have to think in English のように、英文で思考することをイメージするようだが、そんなことは全員を対象にする正規教育には全く必要ない。

「日本語の体系を停止する」とはたとえばThe book I bought at the book shop has been found missing pages.という文を見たとき（ほとんど何を言っているかわからない人もいると思うのでその点は覚悟してほしい）、〈動詞はboughtとhas been foundだから接続詞が一つ必要で、boughtの目的語が欠けているからbookとIの間に関係代名詞が抜けている。したがって主節はhas been foundの方。しかもthe bookとmissing pagesの間に主語述語の関係があるからmissing pagesはCで、受動態で後ろにCを持つからfindはSVOC。したがって「発見」という意味ではなく「わかる」という程度の意味。missはSVOでSはthe book、Oはpagesだから「その本に落丁がある」という意味になる。結果的に「その本屋で買った本には落丁があった」と訳せばいい〉と考えることである。かぎかっこの中に書かれている言葉はほとんどが日本語だが、そこで使われているルールと論理は日本語を考える場合に使うものと全く異質である。そこが重要なのだ。しかも最初の英文The book I bought at the book shop has been found missing pagesと最終的な日本語「その本屋で買った本には落丁があった」の間にきちんと抽象化された普遍的な論理思考が働いていることも、見落としてはならない。決して「なんとなくこうなる」ではないのだ。

自分のやっていることはわからない

こういう話をすると、すぐに「ネイティヴはそんな思考はしていない」などという頓珍漢な批判が返ってくる。この批判を私が頓珍漢というのには理由が二つあるが、ここで重要なのはそのうちの一つである。頓珍漢な点その一（ただし、こちらはここでの話の中心ではない）。その批判は、単に「多分していない」という印象に基づいているだけで、何の実証もされていない、ということ。「ネイティヴに聞いたら、やってないといわれた」などというのがその最たるものである。こういうことを論拠にする人の知的水準は、失礼ながらお里が知れている。人間は自分のやっていることを必ずしも正しく把握しているとは限らない。自分が呼吸するシステムを正しく説明できる人は専門家以外にいないが、でも説明できないからといって呼吸していないわけではない。日本語だって、「家に入る」は正しく「家を入る」は間違っている（一方、「門」なら「門を入る」が正しい）ことはわかっても、素人には「なぜ間違っているのか」は説明できない。「変だ」とは思うけれど、説明はできないのだ。日本語文法に関する中学校の中間試験を、あなたは満点とれる自信がありますかお父さん。

的外れな英語教育批判

頓珍漢な点その二。百歩譲って、「ネイティヴのやり方」というものが存在するとして、それは実際に英語を使うために勉強している人間が採用すればいい方法であって、一般教育である学校教育の目的はそこにはない。学校教育では、「英語という一言語をすべての人が使えるようにする」ことが目的なわけではない。すでに語ったように、英語という異言語を使って、「別の系の中で正しく動く」ための知的シミュレーションをしているにすぎない。もちろん、その副産物として、将来本当に英語が必要になった場合、そのベースとしての英文法が身についていれば有利、ということはある。だが、それはあくまでも「おまけ」であって、それを本来の目的として学校での英語教育が行われているわけではないのだ。

理念と現実の挟間

聡明な読者の中には、私のこの話を聞いて、強い違和感を持つ人もおられると思う。その違和感を一言で表現すれば、「そんなこと、学校教育の中で行われていないぞ」ということだろう。その通り。教育現場では、おそらく英語に限らないが、理念と現実が大きく食い違っている。それがすべての議論をややこしくしている原因である。多くの人々は現実を見て現実を批判するのではなく、現実を見て理念を批判してしまう。最も頓珍漢な批判の一つが、「今の学校教育の英語は、実際に英語を使えるようにしていない。だから英語教育そのものが不要である」というやつだ。

前半は確かに「現状を批判」しているという意味では正鵠《せいこく》を射ている。だが、「だから英語教育はいらない」というのは、まったくのお門違いである。学校教育における英語の目的は「実際に英語を使えるようにすること」ではなく、「異なる系の中で正しく自己を運用するだけの知性を身につけること」なのだから、「英語教育が実用的でない」という論拠で「学校での英語教育をなくすべきだ」というのはまるで論理が成り立っていないのだ。現実的には何の役にも立たない数学を中学・高校で扱うことを、そういう人の誰一人として批判はしない。それは、「数学が現実に役に立つべきだ」という意識がないからで、その意味ではその人々は全く正しい。だから、英語にも同じ目を向けるべきである。別に、今の学校の英語教育を否定するな、と言っているのではない。ぜひ否定していただきたい。だがそれは学校における英語教育が実用的でないからではない。学校教育の現場で、ほとんどの指導者たちが、自分が何を教えるべきかをはき違えているからである。学校教育では実用英語など教える必要はない。「異質な系の中でいかに知的にそのルールをコントロールするか」を指導し、それを身に着けさせることが第一に重要であり、英語、という系はその教育の材料に使われている具体例にすぎないのだ。

実はある数学の危機

これまでも何回も引き合いに出している数学だが、実は中・高等教育の最も重要な柱である数学も、ここ数十年の間常に絶滅の危機にさらされている。いわゆる「文科系」と「理科系」の分離によって、「文科系」では数学を軽視する風潮が一般化しているのだ。今の日本の教育の自己矛盾（やっても効果がない、ということ）の大きな原因は、数学軽視にある。本来数学は、抽象思考の雄であり、現象から法則を導くという脳の機能を正しく運用する上で非常に重要な機会を提供する科目なのだが、勉強嫌いの子どもの尻馬に乗った大人たちが、節操もなく試験科目から落としているために、今や風前の灯である。だが、現状を変えられず、もし、これ以上数学を軽視するならば、英語は今以上に重視されなければならない。英語は数学に代わりうる科目だからである。英語と数学が比較の対象になることが理解できない向きは、もう一度ここまでの内容を読み直してもらいたいものだ。

正しく理念に帰ろう

教育について語るとき、皆が見落とし、混乱の原因となっているのがこのことである。これまで私が話してきたことは、決して「日本における現実の教育現場で行われていること」ではなく、「正規教育において、外国語学習が持ちうる理念的に唯一正しい存在意義」のことである。繰り返しになるが、正規教育、特に義務教育である中学校で、さらにほぼ全員が進学する高校教育において、「英語」という一言語を全員が学習する客観的理由はない。そういう実用的な理由なら、すべての学生に「英語」を押し付けるのは、彼らに「大根のかつらむき」を習得することを強制するのと同じくらい馬鹿げたことである。日本国内に暮らす大人たちの多くは、英語などできなくても全く困っていない。そりゃ海外旅行で恥をかくことくらいはあるだろうが、そんなのは旅の武勇伝の一つにすぎない。こと日本で生きていく限り、英語は別に必要な技術でないことは、日本国内の普通のおじさんおばさんたちがほとんど、いやまったく英語ができないという事実の中に最も雄弁に表れている。

一方で、自分と異なるシステムを把握し、それの中で自己をコントロールできる能力を養い、それを通じてより一般性の高い「知性」を養うことは、可能な限り多くの人間が身につけるべき「高等な」能力である。もちろん、小学校で教わる「読み・書き・そろばん」だけでも人間は最低限の文化的生活ができるが、多くの情報の中から必要なものを合理的に取捨選択し、自分、そして社会の利益のためにそれを活用するためには、「抽象化」を含む高等な能力があることが望ましい。これはすべての人間に当てはまる。要は、どう生きるにせよ、賢い方がいいのだ。賢さは、その意味で普遍的な能力である。正規教育で扱うべきはそういう「普遍性のある能力」であって、末端の現実的な技術はそれぞれ個人がその性向と才能に基づいて選択すれば十分である。

特に、民主主義社会では、抽象化を含む知的能力は理念的には極めて重要である。書生論という向きもあろうが、原理に立ち返ってしっかり考えてもらいたい。民主政治は、統治権を国民の手に委ねる政治形態である。少数の人間の意思だけで政策が決定できる専制主義や絶対主義に比べれば、民主主義は極めて不効率だ。かの英国首相Winston Churchill卿はこう言っている。「民主主義は最悪の政治制度だ。これまでにあったすべての政治制度を除けばだが」。だが、国民のコンセンサスを得て物事を前に進めることが、統治主体でありかつ統治される側でもある国民の最大の幸福につながるというのが、民主主義の理念である。

ただし、それにはひとつ重大な前提条件がある。それは、決定権を持つ国民が決定されようとしている事項を正しく把握し、それに対して単なる感情や利害関係を超えて、冷静な判断力に基づいて意思を決定できる、ということである。これが成り立たない限り、民主主義は仏作って魂入れずの状態になる。そして、この時に必要な物事を正しく把握する能力、そして冷静で客観的な判断を下す能力を住民に得てもらうべく行われているのが学校教育なのだ。この「把握し、客観的に判断する」のに最も必要な能力が抽象化であることは言うまでもない。だから、大げさなことを言えば、民主主義の理念と精神を実現する一手段として、「英語」という科目があるといっても過言ではないのだ。

理念と乖離した教育の現実

だが、現実の学校教育における「英語」は（英語だけではなく、実は全教科について言えることである）、その理念とはかけ離れた存在である。なぜそうなったのか。教育が理念から乖離してしまったから批判が起きたのか、それとも場当たり的な批判に翻弄されて教育がその理念から乖離したのか、まさにこのあたりは「鶏が先か卵が先か」なのだが、何しろ今の英語教育は「コミュニケーション能力向上」の旗印の下、文法をないがしろにしてうわべだけの返事の仕方だのを仕込もうとしている。中学校ではろくに五文型さえやらない。本書は英語を扱うものではないので、詳しい説明は割愛するが、英語の基本である五文型さえやらないのであれば、学生は英語がわかるようになるはずがない。これが「異なる系の中で動く」という正規教育における語学の理念を、教育をつかさどる役所や教師たちが忘れてしまい、本来必要のない「実学的方向」に教科内容を歪め、それが実現できない（何しろ学生の日常生活では英語は全く必要ないのだから当然だ）から世間から指弾を浴びているということなのか、世間が求める見当違いな実用性をなんとか実現しようと、学校教育が場当たり的に定見のない変更を行った結果なのかは、正直よくわからない。おそらく両方だろう。いずれにしても、教える側、もっと言えば教える内容を決定する側にろくな定見がないために迷走した結果が現在の正規教育における英語の惨状の大きな原因の一つである。

見当違いな教育内容と見当違いな批判

前にも語ったことだが、人々は「現状」を憂えるあまり「理念」を否定する。愚かしいことだが、無知ゆえに致し方のない部分もある。その代表が学校英語における「文法偏重批判」である。学校英語が使えないのは、文法ばかり教えているからだ、というあれだ。学校英語は実用に向かない（これも、実はある部分に限って、の話だが、それについては後に措く）。それは確かだ。だが、それは「文法を教えすぎるから」ではない。教えている「文法」が見当違いなものだからである。おそらく今学校で教えられている文法は、ほとんど役に立たないものばかりである。理由は簡単。正しい理念に従って、正しい方向から考えたカリキュラムが作られていないからである。そのポイントを一言でいうなら、論理が欠けているのだ。多くの人がイメージする文法の授業はおそらく次のようなものだ。「〇〇の時、英語では××といいます。覚えましょう」。だが、これは文法ではない。ただ結果を伝えているだけである。

文法はコンパクトで単純だ

文法はその名の通り言葉のルールであるから、それは「ルール」でなくてはならない。ルールのあり方については前作『試験勉強という名の知的冒険』に詳しく書いたので、ここではしつこく繰り返さないが、ルールである以上「コンパクトで統一されていること」「例外が少なく、あっても対処しやすいこと」「融通が利くこと」という三つの性質が必要だ。事実、英語はこういう「文法」に基づいて運用されており、それがコンパクトで単純なものであるがゆえに、英語圏では五歳の子どもでも英語が使えるのである。特別な例外を除けば、ある言語地域に住む人間で、その言語に不自由している人間はふつういない、という事実が、言語というものは実はとても単純なルールの組み合わせでできている、ということの最もわかりやすい証明である。

そういう単純なルールでできているという意味で、英語は暗記科目ではない。ルールを理解し、それをうまく運用していくことで、解読も言葉の組み立てもできる論理的な言語体系である。だからこそ、実用性を考慮せずに一般の中・高等教育で教える意味があるのだ。したがって、現状の文法の間違った授業内容を根拠に言葉の成り立ちの根幹である「文法」を教えることそのものを否定するのは、まったくのお門違いであり、それこそ英語を正規教育で教える意味を完全に失わせる暴論である。

何を教えるかは社会の価値観

間違ってもらっては困るが、私はどうしても中学校・高等学校で「英語」を教えなくてはならない、と言っているわけではない。どの科目を教えるかは、世の中の価値観次第である。古代ギリシャの主要科目は、音楽・哲学・体育だったと聞く。そういう価値観の社会だった、ということだろう。では、現在のような価値観の社会において外国語を学習する意義があるか、と問われれば、私はすでに何回も話した理由、知性の向上に寄与するという理由で「ある」と答えるつもりである。その外国語に「英語」を選択することは、日本では賢明な選択の一つだと思う。ただ、これはあくまで私個人の見解であって、そうでなくてはならない、という意味ではない。私がむしろ危機に感じるのは、我々が物事の表層ばかりを見て内実をしっかり見極めようとしないがゆえに、「知性の訓練」という教育のあるべき方向、少なくとも現在の価値観の社会で正しいと考えられる方向から、歪められていくように見えることの方である。その端的な例が、英語に限らず、勉強そのものを否定する受験勉強悪玉論である。

受験は悪か

何しろ、世間様では受験勉強は評判が悪い。おそらく、多くの人々は受験に苦い思い出しか持っていないのだろう。これほど評判が悪いのは、よほどひどい記憶ばかりが残っている証拠である。しかも受験、というと次に出てくるのは「知識の詰め込み」「暗記」である。そのおかげでせっかくの才能が無駄に終わってしまったくらいのことは言われかねない。言い方け悪いのだが、そういう人は受験時代に誤った指導を受けたか、我流で勉強したのだろうと思う。試験問題にはそれなりの〝からくり〟があり、それを攻略するには合理的な勉強法がある。もちろんそれをやれば「誰でもできる」ようになるわけではないが、他のやり方よりは効率の良い（すなわち投入したエネルギーに対して得られる成果が大きい）勉強ができる。もちろん「知識の詰め込み」でも成功を得られる例はあるが、正直そのやり方は費用（投入時間を含む）対効果が悪すぎる。それである程度成功するだけの才能がある人間が、もし違うやり方をしていたら、もう少しいい成果が上がった可能性もある。

批判は渡りに船

こういう不幸な受験経験をした人々が、外野で騒いでいる分にはそれほどの問題はない。だが、それが実際の受験制度に影響を及ぼすとなるとやはり看過はできなくなる。なにしろその種の「受験制度批判」はある種の人々にとってまさに渡りに船だからである。無責任な受験制度批判がそういう人々の利害や思惑と一致した時、子どもの成長過程にとって貴重だった試験という制度が蝕まれていくのだ。

実はこのような現象は、私が子どものころからすでに生まれていた。いわゆる「文系」「理系」

の誕生である。冷静に考えてみればわかるはずだが、まだ十代前半にしかならないのに、自分が将来どういう方向に向いているのかを正しく予言できる子どもなどいない。そして、子どもは（いや誰でもだ）つらいことは嫌いである。できれば楽をしたい。勉強しないですむものは勉強したくないのだ。この点について子どもを責めることはできない。子どもに限らず人間は少しでも楽な道を探すものだからだ。場合によってはそれが賢い、と言われることもある。だから、子どもに一定以上の成果を上げさせることを目指すなら、大人が矜持をもって最低ラインを死守してやる必要がある。それを越えなければ上には行けない、という最低線を維持することは、子どものことを真剣に考えるすべての大人が守るべきまさにボトムラインだ。

ボトムラインの崩壊

だが、欲に目がくらんだ大人たちは、この最低線をあっさりと破ってしまう。

世の中の善良なるお父さん、お母さんにうかがうが、大学、わけても私立大学が受験に際して腐心することは、いったい何だろうか。意外に思われるかもしれないが、受験者の数を増やすことである。優秀な生徒を取るため？　いや、最も優秀な生徒は学費の安い国立に行く。ま、それは意地悪すぎる言い方としても、そういう効果は副次的なものでしかない。彼らは純粋に「受験者数を増やしたい」のだ。それは受験料収入が大学にとって大きな収入源だからである。

私立大学の雄、かの早稲田大学を見てみよう。２０１１年度の早稲田大学の志願者総数はおよそ1130００人余り、一人の受験料が3５000円だから（うちの息子もその一人である）、その収入たるや39億5500万円である。たかだか一週間の試験で、約40億の収入である。他でも、ざっと有名どころをあたってみただけでも、その収入はかなりのものだ。ちなみに、早稲田大学の試験科目は、どこも三科目である。実は、早稲田には大学入試センター試験だけで合否の決まる試験もあるが、こちらは五教科五科目、そのため募集定員は全体の一割程度である。早稲田が独自に作問する問題がかなり難度が高いことを考えると、世間相場から見て「やさしい」センター受験組の生徒数がもっと増えてもよさそうなものだが、そうはならない。なぜかというと、受験科目を五教科にすると受験生が減ってしまうからだ。逆に言えば、受験科目を減らした方が、受験者数は増えるのだ。もちろんそれは、一見ハードルが低く見えるからである。

科目数が減っていく

いうまでもなく、子どもたちは勉強が嫌いだ。勉強は「知らないこと」を扱うわけだから、必ず最初は「わからない」。もちろん、はじめの苦労を乗り越えないと「わかる」状態にはなれないのだが、そのはじめの苦労をする自発的なモチベーションが彼らには持てないのである。当たり前だ。彼らは子どもなのである。いくら「大人になってから何が有利か」「日本が世界と戦っていくために何が必要か」などという御託を大人が並べても、彼らはやる気になってはくれない。無理もない。そういうことは体験してみてはじめて感じることだからである。

私などが受験生を刺激する言葉として唯一いくらか彼らの心にさざ波を立てることのできる予言は「君の親は君より先に死んじゃうんだよ」くらいである。これでさえ、ほとんどの子どもは言われてはじめて気づいた、というような顔をする。大学受験生が、だ。良くも悪くも、子どもたちは甘やかされているのだ。だから、もし「より楽な試験」が受けられる大学があると思えば、当然多くの子どもはそちらに流れる。やがて必要になるだろうから試験に出ない科目まで勉強しよう、などと考える子どもは、例外中の例外である。だから、多くの子どもたちは、科目数の少ない方を選びたがる。「文系」「理系」などという分類は、そういう子どもたちにとって、まさしく渡りに船なのである。

筋論を言うなら、やはり高等学校程度までの数学は人間の知的レベルの維持のためにどうしても必要だろう。理科にしても、これほど科学が物事をコントロールしている時代に、一通りのことがわかっていないのではその生き方に関係なく困ることがあるだろうし、たとえ一生を科学者として過ごすにしても社会構造や歴史については一定の認識がないと選挙の時に困るというものだ。だから、専門教育が始まる大学でならともかく、高校生までの間に「文系」「理系」などという分類があっていいはずがない。だが、実際には欲ボケした大人たちの近視眼的な「戦略」によってそういう筋論はなし崩しにされ、私立大学に行く多くの子どもたちはどちらかの勉強を怠ってしまう。

試験をしない試験？

大人たちのご都合主義はそこにとどまらない。受験勉強批判を追い風に、なんと学力試験を課さないで合否を決める大学まで登場した。一つは「推薦制度」である。これは私立大学には昔からあった制度だが、その頃は実に細々と行われていたものであった。だが、大人たちの思惑のせいでどんどん拡大され、今ではかなりの割合を占めている。

まず、大学側から見ると、推薦制度は安定的に、ある程度能力の保証された生徒を、それほど苦労なく取り込むことができる。特に、一般に受験すると、おそらくもっと上位の学校に合格するであろう生徒を、試験をしないのと引き換えにほかの学校を受けさせずに取り込めるのだ。大学にとってはありがたいことだ。もちろん卒業時に就職率を上げるのに貢献してくれると期待できるからである。高校側から見れば、ある大学に対する推薦制度が開かれていると生徒募集のパンフレットに書き込めることは、かなり大きな客寄せパンダ効果が期待できる。さらに、優秀な生徒と抱き合わせにして、何らかの事情があって試験では成功の可能性が薄い生徒を、その枠の中に押し込むこともできる。また推薦の枠を多く持つことで、生徒の日常生活の管理がやりやすくなる。いい子にしていれば推薦されるのだから、可能性のある子はいい子にしているはずだ。もちろん悪いことをしない、という意味ではなく、先生の見ていないところで悪いことをすればいいのである。

同じ構図は中学校から高校への「単願推薦」などにも当てはまる。特に中学校は、一人たりとも中学浪人は出したくないはず（そうなると、膨大な仕事が待っているからだ）なので、そういう制度を使って、なんとか体裁のいい生徒の行先を探し出すのである。

もちろん子どもの側にしても、その制度が嫌なはずはない。何しろ勉強しなくていいのだから。

そこまでしなくても

それがもっと破廉恥な形をとったのが、ＡＯ入試である。この制度はもともと海外にあった制度を換骨奪胎したものだ。アメリカの大学には Admission Office という、有望な学生を発掘する組織がある。ちょうどプロ野球のスカウトのようなものである。どこの高校にも良い意味で「目立つ」生徒はいる。そういう生徒を発掘し、奨学金や様々なアシストをつけて自分の大学に入学させるのがＡＯの仕事の半分である。だが、ここからは日本の大学とはだいぶ違う。ＡＯは教授会に対しても一定以上の権力を持ち、入学後の学生の動向を追跡調査して、ＡＯで入った学生が一定以上の成績を収めないと教授の責任を問うことまである。

日本のシステムはそうではない。ただの青田刈りである（ＡＯとはよく言ったものだ）。よくわからない自己推薦書などというものを書かせ、面接と小論文でお茶を濁して入学させる。その結果がどうなるかは推して知るべしである。

もちろん、いわゆる「多様な入試」も、それが本当に誤差の範囲程度の人数なら問題はないだろう。むしろそういう複線的制度は歓迎されるべきものである。だが、今恐ろしいのは、少子化時代に大学をはじめとする学校が今の経営状態の改善に躍起になるあまり、節操も定見も失って安楽な入試制度を拡大していくことである。何度も言うが、子どもは楽な方に流れる。それは子どもの罪ではない。子どもに一定以上の課題を与えて成功に導くためには、大人は決してボトムラインを割り込んではいけないのだ。それをするのは、ほとんど自分の利益のために子どもの将来を売り渡すに等しい。

もちろんこれは妄想だが、近いうちにこういうことが現実になるかもしれない。ある日突然大学から電話がかかってくる。受験した記憶もないのにだ。受話器を取ると電話口の向こうから弾んだ声が聞こえる。「こちらは平成うんぽぽ大学でございます。おめでとうございます受かりましたぁ」

若い人々にはっきりこれだけは言っておきたい。向こうから「こっちへおいで」と誘ってくるところには行ってはいけない。誘ってくるのは、先方にとって利益になるからだ。「世の中にはうまい話などあるはずはない。本当にうまい話ならば、人には教えず自分でやるはずだ」。お世話になっている税理士の言葉だ。何とも含蓄のある名言ではないか。

学力試験は必要だ

子どもの成長を促すためには、学力試験というハードルは必要だ。それも、最低限高校入試と大学入試は必要である。中高一貫教育を否定するつもりはない。だが、それであっても、中学三年の段階で学力試験を実施し、それが一定のレベルに達しない生徒は中学卒業をもって退学とすべきである。もちろん、はじめに断わっておくが、これは現状の憂うべき教育事情をそのまま放置して、ということではない。それについては後で語る。だが、「試験」というシステムをないがしろにして教育改革をいくら叫んでも、仏作って魂入れずの状態になるのは目に見えている。「試験」が必要である理由はいくつかある。まず第一に、試験は容赦ないことである。はっきり言うが、結果がすべてだ。「これだけ頑張りました」といくら言っても、それが得点になって返ってこなければ意味がない。おそらく多くの子どもが、そして子どもの尻馬に乗った大人たちが試験について批判するこの点こそが、試験の最も重要な存在意義である。結果を出すためには、力を尽くすほかかない。これは子どもにとって大きな強制力となりうる。すでに何度も語ったように、子ども、特に中学校低学年程度までの子どもに自発的な動機を持たせようとしても無駄である。そんな想像力を子どもに期待するのは無理というものだ。子どもが、自分の欲望に反することをあえてやろうとするとすれば、それは「大人にほめられたい」と思うか、さもなければ「やらないと困ったことになるから」しかない。だから、どちらの意識を利用するにせよ、必要なことは強制するほかかないのだ。

ただし、すでに書いたように、小学校では読み・書き・算数だけに集中させる。他のこと、たとえば理科や社会などは試験をしなくてもいいだろう。国語も、あるかどうかわからない言外の余情などは割愛《かつあい》して、言葉の持っている意味とその関係だけを問い、算数では基本的な計算や、図形の証明などに集中する。強制するのだから、無駄は排除しなければいけない。

試験は過去を問わない

試験が必要である理由の二番目は、試験はその人間の過去を問わない、ということである。その子どもがどれほど唾棄《だき》すべきくだらない子ども時代を過ごしてこようが、試験にさえ通ればそれはすべてクリアされる。試験はその人間の現在の能力しか問わないのだ。世の中に、これほどすがすがしい制度はない。まさに「自己責任」である。

学校で多くの教師たちは生徒の生活指導に労力を費やし、結果教科を教えるために割《さ》くべき時間が少なくなっている、という本末転倒の極みのようなことがあちこちの学校で起こっていると聞くが、出口（つまり次の入り口だ）における「試験」という制度さえ揺らがなければ、中学校以上では、普段学校で勉強するか否かはすべて学生本人の意思に任せればいい。結果としての試験の点数が水準に達していなければ、留年でもなんでもさせればいいのである。世の中が「留年」という結果が生じたときに、教師や学校の責任を問わなければいいだけなのだ。個人的には中学以上の学校の教師が生徒の生活指導にかかわることには私は否定的である。中学生になれば、善悪の観念もあるはずだし、損得勘定もそれなりにできるはずだ。だから、自分の行為のメリット・デメリットを正確に伝えておきさえすれば、それをどう本人が考えて日々の生活を送っていこうが、本人に任せればいい。罪を犯せば、それこそ法律に則って粛々と処理すればいいだけのことだ。学生が学校外で不祥事を起こした時、警察は決まって学校に連絡してくるらしいが、私にはその意味が理解できない。親は保護者だから当然だろう。だが、学校は、その子どもの学校外での行動とは無関係である。そういうところで「教師を呼んで説教」をし、それでいて「温情で子どもに正規の罰を与えない」とすれば、警察官失格だ。警察は、法律の番人である。罪を犯した、と判断できる者は、直ちに司法の手にゆだねるべきで、それ以外の行動をする権限は警察官には与えられていないはずである。

ルールは変えない

まあ警察官のことは措くとして、教師にも同じようなことが言える。ルールを設定したら、事情のいかんにかかわらず、変えてはいけない。「××点以下は不合格」と決めたなら、「××点以下」の学生は全員不合格にすべきである。よく「そういうことをすると子どもの将来に傷がつく」という発言をする教師がいるが、そのような議論は本末転倒であり、単に子どもを甘やかす結果しかもたらさない。事前に事実関係をすべて伝えた上で、子どもが選択した結果起こったことの責任は、子ども本人に取らせるべきだ。そういうところで恣意的にルールを捻じ曲げれば、子どもは「最後は何とかしてくれる」と思い、ルールに従わなくなる。本来「ルール」は子どもの成長を促進するためにある（世の中には、ただ単に子どもをコントロールするためだけのルールもあるようだが、そういうのは論外である）のだから、大人がそのルールを破るのは子どもに対する背信行為だ。

しかも多くの場合、教師がルールを歪めてまで生徒を救済するのは、「温情」の故ですらない。ただ単に、問題児を抱えると仕事が面倒くさい、自分の評価が下がる、といった自己都合にすぎないのだ。しかも子どもはそういう教師の裏事情を見切っている。この情報化時代に、中学生だけに善意だけで成り立っている大人の世界を信じさせることは不可能だ。

不可解な教師の反応

「試験」の内容が正当ならば、ごく一部の生活指導の問題はともかく、そのほとんどは試験を正しく運用することで解決できる。生徒が授業を聞くかどうか、その勉強に労力を割くかどうかは、すべて生徒の自己責任になるからだ。

だが、一見教師を楽にしてくれるかに見えるこのような考え方に、最も頑強に反対するのは教師である。そこに、日本の教育の抱える問題の根っこが潜んでいる。

多くの教師は生徒が授業中寝ていると怒る。私は怒らないが、それは優しいからではなく、その生徒の人生が自分に関係がないとわきまえているからである。その生徒はわざわざお金を払い（多分親に強いられて仕方なくだろう）、狭くて固い木の椅子の上で窮屈な思いをしながら寝る、という愚かな選択をしている。どうせ寝るなら、もっと快適なところで寝ればいいのに、とつくづく思う。そのことひとつを取ってみても、その子どもはお世辞にも賢いとは言えない。だが、私の人生には関係がないので放っておく（こういうことを書くと、今度はとたんに「冷たい」と言われる）。

だが、私が寝ている生徒に何も感じないかというと、そんなことはない。やはり、自分が話しているのに聞いてくれないのは面白くはないものだ。簡単に言えば、プライドが傷つくのである。私などは、それでも自分の話の内容に一定の自信を持っているので、多少プライドは傷ついても平静を保っていられるが、多くの教師はそうではない。寝ている学生（教壇に立っていると、これがまたよく見えるのだ）の背中から、「お前のつまんない話なんか聞きたかねぇや」というメッセージを読み取り、それで怒り出すのである。だが、そうして怒っている最中にさえ、教師は嘘をつく。単に自分のプライドが傷ついていやだというだけのことなのに、さも寝ることが「悪いこと」であるかのように言う。そして、そんなことをしていたら、将来君はきっと困る、私は君のためを思って言ってるんだ、とやるのである。

少し学生の側に立って考えてみよう。彼らはなぜ寝るのか。考えられる可能性は二つである。一つは初めから、勉強そのものに興味が持てないこと。これは学生自身の問題なので、ここでは議論の対象としない。もう一つの可能性は、真剣に聞こうとしても、授業内容が理解できないことである。これも、さらに分ければ三つの原因が考えられる。その一。授業内容が難しすぎる。その二。授業内容が簡単すぎる。その三。難易度ではなく、教師の話が下手すぎる。

その一とその二については、適切なレベルの授業を選ぶことで改善可能である。だが問題は三の場合だ。そして私はひそかに、実はこれが事実である場合がかなり多いと感じている。そう、教師のほとんどは話が下手なのである。

教えるのは難しい

誤解のないように言っておくが、これは必ずしも、その教師のその科目に対する造詣《ぞうけい》が深くないということを意味しない。もちろんそういう教師もいるだろうが、問題はそこにはない。教える、という行為そのものの資質の問題である。

私などは、もう人から何かを教わることが少なくなって久しいが、それでもたまにそういう場面に遭遇することがある。私が授業をしている予備校では、年に一回専門家を招いて人権講習会なるものを行っている。昨今の状況に鑑《かんが》み、我々ももっと人権意識を持つべきだ、というのだ。それ自体は実に高邁《こうまい》かつありがたい考えなのだが、問題はこの時にやってくる「講師」である。あくまでも推測だが、この講師の先生はある意味針の筵《むしろ》であろう。なにしろ、我々は普段人前で話すことを生業《なりわい》にしている連中である。それを前にして、話をするというのだから、緊張もされるだろうし、準備も周到に行われるに違いない。もちろん、人権問題に関するその先生の造詣は並大抵のものではないはずだ。しかも、人権問題というのはそれについて話すこと自体がデリケートなテーマでもある。だが、これだけのことを割り引いても、この「先生」、お話がとてもお下手である。お下手、などというものではない。「よくもまあ（以下自粛）」状態である。

他に人の話を聞く機会といえば、運転免許の講習会だろうか。これがまた（以下自粛）状態である。担当者はおそらく年がら年中同じ話をしているはずなのだが、それにしても「下手」だ。集団に適切な緊張と注目を与えながら、狙いを持って話を展開し、その中に相手の注意を完全に引っ張り込んで重要な結論を印象づける、という行為（「教える」ということは最低限そういう行為だ）には、それなりの才能と訓練がいる。正直言って、私が出会う「教師」たちは、根本的にその資質が欠けている。

もちろん、こういう「教師」たちはもともと「企業の法務・総務」だったり、「警察官」だったりしたわけで、別に教師としての訓練を受けていたわけでもないから、まあ話下手なのも仕方がない。だが、いわゆる学校教育現場にいる教師たちのほとんどは、実は素人同然の話下手である。

訓練なく教壇に立つ教師たち

何しろ、ろくな訓練が行われないのだ。大学の「教育学部」は教師を養成することを本分にしている学部ではない。「教育学」なる学問を追求する場所だ。だから、教師の卵たる大学生に体系だった教授法を教えることは、ほとんど行われていない。「教科教育法」なる講義はあるが、しょせんは座学であって、しかもそれを講義する大学教師の授業自体が「反面教師」にしかならないような代物《しろもの》である。教育実習、といってもたかだか二週間で、それもほとんどけ形ばかり。実際に役に立つのは、そういう「正統派」の人々が鼻にもひっかけないような体験を通じてである。

私などの経験でも、教師をやる上で最も勉強になったのは、塾の講師、家庭教師などのアルバイトである。アルバイトではあっても、「教える」という体験を通じて、初めて我々は教えることの難しさに直面する。私自身、そういう経験を経て自分で自分を育ててきた。私がいま働いている予備校ではじめて教壇に立って間もないころ、ある私立文系のクラスを担当したが、行ってみると生徒は350人もいて、しかもそのうち後ろの方では授業中にもかかわらずカップルがキスしているような体《てい》たらくであった。一学期が終わるまでに全員にノートを取らせてやる、と決意し、あれこれと奮戦した結果、学期が終わるころには生徒は500人にもなって教室に入りきれないほどになっていた。

無理もない事なかれ主義

だが、間違ってもらっては困るが、だから何でもかんでも教壇に立たせればいいというものではないのだ。私の聞く限り、今の多くの塾は、読み上げればいいだけの「マニュアル」を講師に渡し、ただオウムのようにそれを言わせているだけだ。そういう機械作業をいくらやっても、教えることがうまくなるわけではない。そういう中で、本当の意味で「教える」とはどういうことなのかを自分なりに分析していく作業は不可欠だ。それには時間もかかる。特に、独学は独善を生みやすいので危険である。絶えず指導者や先輩教師と情報を交換し合い、時には戦って自分の力をつけていくのだ。

教師同士は決して仲良しクラブを作ってはいけない。よい「商品」を生み出すためには内輪のもめごとなど物の数ではないはずだ。だが、実際にはほとんどの教育現場でこういうことは行われていない。「研究会」はしています、などというが、まず形ばかりだといってもいい。実は教師というのはかなりクローズドな世界である。公立ならまだしも、私立学校だと、特に高校までの場合、不祥事でも起こさない限り一生同僚である。一度喧嘩になってそれがこじれると、後が面倒くさい。だからどうしても事なかれ主義になる。あるいは「他人のことには無関心」になる。それが最も安全な道であり、そうやってゆるい教師生活を送っていても、ほとんどの場合咎《とが》めだてはされないのである。

教師の条件

なぜこんなことになっているのか。簡単である、教師、などというものはその程度でいい、という暗黙の了解があるのだ。考えてみてほしい。人の命を預かるパイロットや医師が、おざなりの訓練しか受けておらず、実地経験など皆無に等しい、という状態だったら、あなたはそのパイロットや医師に身を任せるだろうか。だが、親たちはそういう「素人に毛の生えた（いや生えてもいない）」人間たちに自分の子どもの将来を託すのである。

はっきり言わせていただくが、有能な教師になるには稀有な才能と、それを生かすだけの努力が必要だ。誰にでもなれる職業ではない。単に「話し上手」というだけではだめなのだ。たいていの教師は、自分の学生時代の得意科目の教師になるが、それは実はあまり賢明な選択ではない。自分が何かを「得意」だと思っている人間の多く（本当の意味で優秀なのではなく、多少できる、というにすぎない場合、特にこうなるのだが）は、自分が「できない状態」から「できる状態」に変化するときに、自分の中で何が起こったかを分析的に意識できない。「気づいたらできるようになっていた」ことがほとんどである。

私などに言わせると、それではその人は本当にその科目が得意とは言えないのだが、何しろ自分ではできるので、教える資格があるということに疑問をさしはさまない。だが、教えるためには、「できない」状態を想像できる必要がある。そうでなければ、できない生徒の問題点を認識できず、当然適切な刺激もできない。単に公式見解に終始するだけなら、正直生身の人間が教師をやる必要などない。その見解が出ている本を繰り返し見ればいいだけである。

最近テレビなどで、「面白い授業」をする先生がいる、と取り上げられることが多いが、個々の先生の本当の実力はともかく、テレビに映っているのはその先生の技術ではない。テレビ的に受けそうな、刺激的な映像が作りやすいテーマを選んでいるから面白く見えるだけで、しかも選んでいるのはその先生ではなく、テレビ局のディレクターである。面白い話題を面白く話せるのは当たり前だ。だが、我々が授業で話すべき内容は必ずしもそんなに刺激的ではない。「数えられる名詞の単数形にはaがつく」などという事実に興奮する人はいないだろう。それでも生徒の注意と関心を途切れさせないように話すにはどうしたらいいか、を考えるのが教師の仕事である。

身も蓋もない「試験」

教師たちが「試験」重視に反対するのはこういうことが白日の下にさらされるのを好まないからである。試験だけを重視するということは、とりもなおさずその教師の「教える能力」が問われるということだ。「試験」が学生にとって、絶対に越えるべきハードルになった時、学生は必ず「何か」に頼って自分の能力を高めようとするはずだ。当たり前の話だが、その時、何が頼りになるかを当然考える。すると、教師の授業に対する目が厳しくなる。つまり、つまらない、役に立たない授業は「つまらない」「役に立たない」と断罪される確率が上がるのだ。

そういう自分にとって都合の悪い事実が表に出ることを好まない教師たちは、「試験」を柱に据えて教育を行うことに反対する。しかも、たちの悪いことにそういう人々は「子どもの健全な成長」を人質にとって自らの不勉強と不見識を覆い隠そうとするのである。他の人ならともかく教師の口から「知育偏重」という言葉が出てくるのを聞くと、正直あきれ返る。その教師は「知育」という言葉を誤解しているか、意図的に曲解している。これまでも何度も説明したように、知育は知識の詰め込みではない。知識の詰め込みしかできないのは、教師が無能だからだ。与えられた系を最も合理的に整理、理解し、それを正しく運用する能力を養うことを「知育」という。学校教育は、少なくとも教科教育において、知育偏重どころか知育専門でなくてはならない。なぜ子どもたちが赤の他人である教師の言うことに耳を傾けるのか。それは、教科教育における教師の言葉に信頼がおけるからである。教科内容の授業をなおざりにして、生徒の尊敬を得ようなどと無理なことを望むから、教師は専制君主になるのだ。

わかりやすい、が唯一の希望

はじめから何度も強調しているように、子どもに「勉強の意義」を事前に完全に理解させるのは不可能だ。「何のためにやるのかわからない」というのが子どもたちの正直な感想だろう。真の意味で「何のためにやるのか」が見えてくるのは、その教科の内容が十分に理解できてからである。だから、いずれにしても子どもたちにある程度の我慢を強いることが必要であることは、これまでも何回も説いてきた。だが、そういう先の見えない我慢の中でも、子どもたちが勉強に意欲的に取り組めるきっかけはある。それは自分の受けている授業が「わかりやすい」という事実だ。少なくともこの先生の話を聞いていけば、自分もできるようになるかもしれない、そういう希望を与え、しかもそれが幻想に終わらないように、子どもの実力を上げるのに適切な情報を適切な形と適切なタイミングで与えていくことが、教師の最大の務めなのである。

ぶれてはいけない

これまで、私が教師について書いてきたことを読み、なんと悪《あ》しざまな言い方か、と憤慨される向きもあろう。確かに刺激的な言葉遣いはしてきたし、これからもそれは続く。だが、実際の教育現場で出会う多くの先生方はとてもまじめな人たちである。努力もされている。だが、残念なことに、その努力の方向は多くの場合見当違いである。

もちろんそれが個人の能力による部分もあるが、制度的にもあまりにも無駄が多いシステムになっていることが何よりも大きな問題である。誰が自分の体面を気にしているのかは知らないが、そんなことのために多くの教師たちが本来向かうべき方向に能力を使えず、無限に続く消耗戦に駆り出されているのを見るのはもううんざりである。誰か、そろそろはっきりと言ってやるべきなのだ。こんなことを続けていてはいけない、と。

教師は高度な能力を要する専門職である。雑用係の何でも屋ではない。確固としたビジョンを持ったカリキュラムの下、合理的な指導法によって学生の抽象化能力を高めていくことが仕事である。それ以外の枝葉末節は教師の仕事ではない。この原則は教師を守るためではなく、子どもたちを豊かに育てるために必要なものである。

世の中には絶対にぶれてはいけないものがある。それだけは何があっても死守していかなければならない。

試験に偶然はない

試験は容赦ない。そして過去を問わない。そしてもう一つ。試験には偶然はない。おかしな話だが、偶然正解することは、ある。だが、偶然できない、ということはない。意外に思うかもしれないが、それが事実である。

確かに、でたらめに答えても正解することはある。だが、でたらめに答えて間違えても、それは「正解がわからなかった」のであって、偶然ではない。だから、試験の中にある「偶然」が受験者に有利に働くことはあっても、不利に働くことはないのだ。しかも、試験の問題がたった一問だというならともかく、たくさんの合理的な問いで構成されている試験では、偶然ある問題に正解することはあっても、合格できるほど偶然が続くことはない。

もちろん、試験直前にウイルスに感染して高熱を発する、というのは一種の偶然で不運といえるだろうが、自己管理の甘さと言えなくもない。本来ならそういうことも含めて本番で力を出せる状態にすることが実力である。

つまり試験というものを一言で表現するならば、全く以て身も蓋もない存在だということになる。だから、特に実力のない者、実力に自信のない者から試験は嫌われるのだ。考えてみれば、そういう人の方が世の中の多数派を占めているのだから、世間的に試験の旗色が悪いのはある意味当然と言えるのかもしれない。

言い訳のできない出口

だが、と私はあえて申し上げたい。だからこそ、試験にきちんとした価値を与え、試験をないがしろにしないでいただきたい、と。欲にまみれたいろいろな人の思惑によって、試験はその形を歪められ、その効力を減じられ、その意味を疑われてきた。だが、そろそろ試験を復権させるべき時だ。

今、日本は世界の、特にアジア諸国の圧力にさらされている。中国やインド、もちろんその他の国々にも、その貧しい状況から抜け出そうと必死にもがく若者たちが数億単位で存在する。そういう人々の中には、劣悪な教育環境に耐え抜き、競争に勝ち抜いて世に出てくる人が数多くいる。そして今、国境という壁がインターネットなどの情報ツールによって影が薄くなり、日本の企業でも、職を求める学生に対して「中国人やインド人でなく、なぜあなたを採用しなければいけないのか教えてほしい」などと言われることが普通になっている。これからはそういう国々の時代で、日本はその世界史的役割を終えた、と思いたい人もいるのかもしれない。だが、私はそうは思わないし、そうあるべきではないと思う。

日本が弱くなったのは、国力が強くなって豊かになったからだという議論を聞く。だが、単に豊かになっただけでは弱くなることはない。弱くなったのは、豊かさがわがままを助長したからだ。そりゃそうだろう。誰だって楽はして、いい思いはしたい。だが、メリットだけがあってデメリットのないことは存在しない。楽をすることを教えれば人は楽をしようとする。甘やかせば甘えようとする。大人も子どもも日本人も中国人もない。こうして日本の子どもたちは甘いシステムに甘んじて楽をすることを覚えてきた。そして大人になった瞬間に「中国人やインド人と比べて君はどう?」と突然聞かれる。子どもたちは思うだろう。これじゃあ詐欺にあったようなものだ、と。

だから私は、力のない者が力のない者を甘やかして育てるという負のスパイラルをしっかり断ち切るべきだといいたいのだ。そのためには「試験」という出口をしっかりするのが一番である。その「試験」も、何が基準になっているのかわからない「推薦」やら「AO」やらは全体のほんの一部にとどめ、主力は「学力試験」に回帰すべきだ。学力試験は「学力」という普遍性のある能力を問う。そこにはコネも情実も入り込む余地がない。いや少なくとも余地は少ない。試験を課されたその場で能力がなければ突破することができない、身も蓋もない存在である。

そういう「言い訳のきかない出口」を用意すれば、子どもは否応なく勉強しようとする。すると、その指導に当たる教師を厳しい目で見るようになる。役に立たないことを教える教師は当然学生の支持を得ることができない。すると教師は、正しく学生の支持を得るべく授業力の向上に力を尽くすことになる。このことは単に中学校、高校だけではなく、大学へ、そして小学校へと拡大していくだろう。特に消費者たる学生の目が厳しくなる大学は、今のような「誰でも卒業できる」無意味な組織であることを止め、卒業したことが一定以上の能力の保証になるような機関へと変貌するはずだ。それが教育の質的向上と、すべての人の能力を底上げする最も有効な方法だと考える。

日本は資源の乏しい国だという。そうだろうか。この国には、識字率ほぼ100％を誇る、元来優秀な国民が住んでいる。この国の若者たちは、この国が何よりも誇るべき資源である。それをよりよく育てていくことは、先を生きる者の最大の義務ではないか。それは親や教師だけが考えるべきことではなく、この国に生きるすべての人が等しく考える責任があると思うのは、私だけではないはずだ。

第五章
再びすべての
人々へ

誰も何も教えていない

私などは、予備校業界という教育界のあだ花のような世界に禄を食む身である。真面目な教師たちからは、金のために魂を売ったと思われているだろう。そしてまたぞろこんな本を書いて、さらに予備校を繁栄させようと画策していると思われている可能性も大だ（ばれたか）。だが、私のような者でも、教室で生徒と向かい合っている瞬間は一介の教師である。学生たちの多くは、自信を喪失している。試験に失敗した浪人生はまだしも、まだ失敗を経験してもいない現役の高校生でも、勉強に対して不安なのだ。それは「何を勉強すればいいのか」「なぜそれを勉強する必要があるのか」に関して、誰からも明確な指針を与えられてこなかったが故である。

話がどうしても私の担当である英語の話になって恐縮だが、確かに私のところに来る学生たちの多くは、すでに数年間英語の勉強をしていながら、ほとんど英語ができないでいる。だが、それは世間の多くの人が信じているように、英語教育が「文法重視」で「暗記中心」だからではない。簡単に言えば、誰も何も教えていないからできるようにならないのだ。確かに英語には暗記が求められる。だが、それは「使い道がわかって」こその話である。わかりやすい例で言えば、電話機を持っていないのに、電話番号を百件暗記しろ、と言われたらあなたはどう思うだろうか。

語学は無間地獄か

少し考えてみればわかることだが、語学というのは暗記の無間地獄などではない。我々は日本語で日々を暮らしているが、日本語であれば、初めて言われた内容であっても、理解はできる。知らない言葉があれば辞書で引くにせよ、全く意味の読み取れない日本語は我々日本人には存在しない。これはもちろん、日本語には「文法」という統一的なシステムがあって、そのシステムを理解していればいかように言葉を組み合わせようとその意味を把握することが可能だからだ。英語にしてもそうだ。これまで一度も読んだことのない言葉の組み合わせでも、パーツとなっている単語の意味を知っていれば、あるいは辞書で調べることが可能ならば、初見でも意味は読み取れる。その能力が「英語力」だ。だが、そのためにはその根本のところにあるシステムを理解しておかなければならない。システムが理解できていれば、覚えることは圧縮でき、コンパクトな知識だけで運用できる。

ルールなき世界

英語の話はなるべく避けたいのだが、一つだけ例を挙げよう。leave nothing to be desired という表現がある。「完璧だ」という意味だとされている。だが、表現そのものの中には、「完璧」にあたる単語はない。システムが理解できていない学生は、表面上全く違う意味の言葉の組み合わせが、なぜ「完璧」という意味を作るかが理解できないので、とにかく「覚える」ことしかやりようがない。正直覚える表現が leave nothing to be desired であろうが kiss my ass であろうが関係ない。それが「完璧だ」という意味なのだと暗記するほかないのだ（誤解のないように。kiss my ass の意味は「完璧」ではない。ではどんな意味かって？　そんなことは口が裂けても言えん）。だが、これではそもそも覚えること自体が不可能である。これ一つならいいが、そういう「言い回し」は何千何万とあるのだ。しかも leave nothing to be desired を「完璧だ」とただ暗記しているだけでは leave much to be desired の意味を思いつくことはできない。nothing と much が異なることはわかっても、それをどうすれば意味が出てくるのかがわからないからだ。

文法は語学の母

そういう状態を解決してくれるのが「文法」である。この表現を解読するのに使われる文法は、文型、不定詞であるが、それを正しく理解していれば、辞書を引かなくてもこの表現の意味は発見できる。専門的になるが、少しだけお付き合いいただこう。まず leave nothing が leave の〈SVO〉で、「nothing を残す」という意味になる。nothing は「ないもの」という意味なので、「何も残さない」になる。だが、これでは nothing が何を指すのかわからないので、後ろの不定詞、to be desired を nothing へかける。これも「修飾語は意味のわからないところにかかる」という一般的ルールによる判断である。さらに不定詞は「これからすること」をいう意味を持つので、desire「望む」の意味を絡めると「これから望む」となる。全体で leave nothing to be desired は「これから望むものを残さない」という意味だ。ここで考えてみよう。たとえばあなたが誰か立てた計画を見て、「ここはこうした方がいい」「こっちはああした方がいい」と思うなら、その計画はまだ未完成である。一方、その計画を見て「……してほしい」と思うことが何も残っていなかったら、それはどういう状態を指すだろうか。そう、完璧に出来上がっていて非の打ち所がないのだ。だから leave nothing to be desired は「完璧だ」なのである。これを理解していれば leave much to be desired は「まだこれから望むものをたくさん残している」、つまり「不十分で未完成だ」という意味になることが容易に結論できる。

問題は文法軽視にある

英語において、いや語学において、「文法」というのはこういう汎用性のあるシステムのことを指す。それは同時に、コンパクトで例外が少なく、融通が利くものである。語学を習得するなら、それが実利のためであれ、学校教育における語学のように知的なシミュレーションのためであれ、まずはこれを習得しなければならない。だが、実際に行われている「文法」はおよそ文法の名に値しないものだ。それは、出来上がったある表現をただ並べ、結果としてのその「意味」

を列挙してあるだけのものだからだ。具体的にはleave nothing to be desired＝「完璧だ」という知識の羅列である。leave nothing to be desired＝「完璧」は「風が吹けば桶屋が儲かる」である。「風が吹く」と「桶屋が儲かる」の間にあるべき論理の糸が抜け落ちているため、お互いの間の関係がまったく理解できない。これは文法重視ではなく、文法軽視である。このような教育は直ちにやめなければならない。おそらく世間の無知な人々はこの英語教育の現状を「文法重視」と勘違いしているのだ。だから「文法ばかりやっていてもできるようにならない」などという世迷いごとがまかり通るのだ。

もちろん、これがただの世迷いごとであるだけなら、別に言わせておけばいい。だが、困ったことに、実際の教育現場を変える方向に動かす力を持ってしまっている。だから困るのだ。そもそも、なぜ英語教育の現場で文法が軽視されるのか。それは教師たちがほとんど文法がわかっていないせいである。彼らもまたほとんどは暗記しているだけ、もっとひどいのになると暗記さえしておらず、授業前に答えを調べて教えているだけ、というのもいる。だから、おそらく英語の教師の中でまともに文法を教えられる人間はごくわずかである。そういう教師にとって、先ほどの「文法重視」の批判はまさに渡りに船である。では文法はやめましょう、ということになる。実にすばらしい言い訳だ。何しろ世間の人々が反対している。英語はコミュニケーション重視だ。文法なんてやっていたって役に立たない。やれ会話だ。Let's have a conversationというわけだ。だが、実は「会話」は語学の中で最も不要な分野、最も後回しにすべき分野なのである。

会話は後回しにすべきだ

なぜ「会話」は最も後回しにすべきなのか。それにはいくつか理由があるが、たとえば人の話を聞いて理解する、つまりListening Comprehensionを考えてみよう。実はこれ、二つの別々の作業を連続して行っている結果なのだ。第一段階は「聞く」。これは連続的に流れてくる音声を単語の羅列に変換する作業でifと言っているのかofと言っているのかが区別できる、というようなことだ。第二段階は、「その単語列を意味のある英文として認知理解する」。簡単に言えば読解力である。この二つがスムーズにできて初めて話は聞き取れるのだ。文字と違い、一瞬で消えていくので、それだけ短時間にこの一連の動作を行わなくてはならない。一般に「聞き取りができない」というと、この動作のうちの第一段階ができないことを指すと思いがちだが、あいさつ程度ならともかく、内容のある文の聞き取りができない大きな原因は第二段階、つまり読解力の欠如にあることがほとんどである。

実際に、学生たちに聞き取りのテストをやらせてみると面白いことがわかる。まず一度、音声だけで問題に解答させる。次に、同じ問題を、今度は音声を聞きながら、それと同じ速度でスクリプト（音声の元の原稿）を読んで解答し直してもらう。するとほとんどの場合、字を見て解答しても正答率は変わらない。それどころか、字を見て解答したら間違えた、ということまで起こる。つまり、誰であれ、その人の読解力を超えて聞き取り理解をすることはできないわけだ。それなのに、世の人々は、読解ばかりやっているから聞き取りができない、というまことに見当違いなことをおっしゃる。正しくは、聞き取りをできるようになるためにはまずは読解力を養え、なのである。そして読解力のすべての基本は英文を文法的に解剖できる文法力である。だから語学学習は、必ず「文法」→「読解」→「作文・聞き取り」の順で行うべきなのだ。

ここまで読んできて、受験の話なのか、語学教育の話なのか、わからなくなってきた、という向きもあるかと思う。それも無理もないが、英語の教師である私が、話を具体的に進めるためには必要なことであるし、しかも英語の問題・受験の問題はともに子どもの成長にとって重要なことであるから、等しく考えてもらいたいことなのだ。

正しい教育とは

私が本書で語ってきたことの柱は二つある。一つは、試験を子どもの成長を促す力として正しく使うべきであり、試験を敵視するのは間違っている、ということ。そしてその理念を実現するためには、教科内容が合理的なものでなくてはならない、ということである。どちらも今の日本では実現されておらず、むしろ最近はその理念からどんどん遠ざかりつつあるように見える。

私は、今の日本の教育システム、つまり「大学生」＝大人の入り口、というあり方はかなり普遍性のある正しい方針だと思っている。もちろん、長寿社会を迎えて、その出口をもっと後ろに延ばすというアイデアもありかとは思うが、それは今の話の焦点ではない。子どもの精神的成長、という点から考えると、小学校が六年、中学・高校が各三年で、その後大学、というシステムはかなり良くできていると思う。

すでに語った通り、子どもが本当の意味で自我に目覚め始めるのは、だいたい中学生の間である。もちろんだから中学生になったら何でも積極的になる、という意味ではない。そのくらいの年齢になれば、善悪や損得の勘定はできるようになっているはずだ、ということである。さらに、誰かからのお仕着せでない自分の意思を持ち始めるのもこの時期だと思う。

小学生の間は

だから、いわゆるルールと自己責任の原則を子どもに受け入れさせるのも、中学生のころからが最も良い。小学生の間は、生きるのに必要な基本技術だけは強制的にであっても習得させ、他は「勉強嫌い」にならない程度に刺激しておくだけでよい。だめなものはだめ、と言ってもいいのは子どもが小学生の間だけである。出ていけごっこ（本当はその気がないのに、「悪いことをしたから出ていけ」と言うこと）もこの時期の子どもならやってよかろう。もちろん程度問題だが。私も、二年に一回ぐらいの割合で息子にこの技を仕掛けた。理由なんて何でもいい。いくらでも言いがかりはつけることができる。で、「出ていけぇ」と言って放りだす。二歳のころは、ただ泣いているだけだった。ダメだこりゃ。だが四歳ともなると、情に訴え始める。「外は暗いよさびしいよぉおぉ」などと言うようになる。なるほど、少しは成長したか。六歳にもなると、規範意識が生まれるようだ。「小さい子がこんな時間に外にいちゃいけないんだよぉおぉ」うーん。成長したなぁ。こうやって楽しんだものだ（爆）。え？　ひどいって？　トラウマになったらどうするんだって？　確かにそうだが、人間はどこかで、自分が孤独で無力な存在であることを知らなくてはならない。そして、そういう時に大切なのは「家族」であることも知っておいた方がいいのだ。もちろん、いずれ今のかりそめの「家族」は離脱して、自分の「家族」を作るのだということも。

中学で知る「自己責任」

中学生になったら、強制ではなく、この社会で生きていくためのルールを認識してもらう。そのルールに従わないとペナルティがあること、その代わりルールに従うならば他は自由であることも正しく教えなくてはならない。そして大人は決してそのルールをぶらさないこと。初めからむごくてできないと思う罰則は口にさえしてはいけない。特に学校ではそうである。息子が中学で数学の先生に反抗し、宿題を出さなかった時、私は学校に「ルール通りにやってくれ」と言った。そんなところで温情をかけられても息子の将来にプラスになることなど何もない。それより、「ルールに従うならば、自分には選択の自由がある」ということを知ってもらうことの方が重要だ。ペナルティを受けてよければ、それだけの行動もとれる。ただし、リスクは大きくなるのだから、それは考慮に入れなければならない。事実、息子は内申点が悪く、塾の同級生五人の中で唯一国立付属高校に受からず私立に行った。本人的にはきっと無念だっただろう。でもそれは本人の選択の結果である。

親であれ教師であれ、この年齢になった子どもに接するときの第一の態度はこうあるべきだと私は思う。そりゃ親として子どもの幸せを願わないことはない。いくらかでも楽をしていい結果を与えたい、と思うのも親心だ。だが、それだけは親として我慢しなくてはならない。最近モンスターペアレントが問題になっているが、その種の人々は子どもの将来のことが心配ではないのだろうか。あなたはいつまでも子どもに代わって社会に無理難題を吹っ掛けることができるわけではないのだ。いくらあなたが今ねじ込む能力に長けていても、どうせあなたの方が子どもより先に死んでしまう。だから、子ども自身の力でできることをさせ、それを受け入れてやるのがいいのだ。もちろん、不当ないじめなどには断固戦うべきだろう。だが、結局自分の子どもだけが有利になるような計らいを受けることは、その子どものためには全くならない。

教師たちもそうだ。教師たちは、子どもたちが最初に出会う「他人の大人」である。それが信頼に足るべき人物かどうかは、子どもの将来に影響を与えることは間違いない。だから、まず担当教科に対して、子どもに向かい合えるだけの能力を身につけよ。単に得意だ、というだけでは不十分である。科目の全体像を把握し、その中で今やっていることがどういう位置づけになるのか、それを明確に意識しつつ、それを子どもにわからせるように心がけよ。ある時点での学習内容が表面が異なる別のことにも使えるような、合理的な抽象化を教師が行い、それを明確に伝えていくことが、教師の第一の仕事である。そして、ルールに関しては、絶対にぶれてはいけない。もちろん、不当なルールを廃止したり、必要な新たなルールを設定することはしてもよかろう。だが、決めたことは変えてはいけない。そのルールによって自分に面倒が振りかかろうと、子どもに不利な結果が生じようと、それがわかっていて決めるのがルールである。あなたがルールを変節させれば、子どもは「都合が悪くなったらルールを変えていい」ということを学んでしまう。そこをしっかりしておけば、子どもの生活面にはできるだけ深入りしないこと。所詮は他人であり、それ以上の責任はとれないのだから、自分の行動可能な範囲にとどめておくべきだ。

伝えるべきは「抽象化」

そしてもう一つ大人たちが守るべき大切なことがある。それは「問う価値のある問題で構成されている試験」を作ることである。科目については、我々の価値観次第である。英語がずいぶん重用されているし、英語の教師である私の残り少ない未来を考えれば、英語が重視されるのはありがたい限りだが、正直言って今のような理由で重要視されるなら、実はむしろ迷惑である。少なくとも「聞き取り・会話」といったコミュニケーション能力の養成において、学校教育の英語は無力である。なにしろ、そういう能力は日本で生きていくのに不必要である。いや不必要どころか、使うチャンス自体がほとんどない。だからそれが実現できないことを以て英語教育が非難されるのは不当もいいところである。これまで何度も語ったように、中学以降で重要な知的能力は「抽象化」である。その能力を養う上で、外国語はとても有効だ。最も身近にある、「自分とは異質な系」だからである。その中で、英語はルールが単純だという点で学習する価値が高い。だから、「文法」というシステムを明確にインストールし、それを使って文章を解剖する、さらには文を組み立てる、という作業は、正しくやりさえすれば「知的刺激」という点で極めて成功率の高い有効な学習材料である。

しかも、ここから先はあくまで副次的な効果だが、英語は世界の公用語なので、「文法」を正確に運用できるようになれば、文字を通じた異文化コミュニケーションの道具として十分に役に立つ。学校英語が役に立たないという不当な批判は、「文法（すでに語ったように、今やっている文法ではなく正しい文法）」という正しい柱を立て、それを正しく問う試験を行う限り、やがてなくなっていくことだろう。

また話が英語の話になったが、英語は話の焦点ではない。どの科目にであれ、正しい問題と、不適切な問題がある。正しい問題とは、それを問うことで、その科目の中心的な外してはならない部分について、正しい理解があるかどうかを確かめられる問題のことだ。一方、不適切な問題とは、枝葉末節の知識を問うようなものだ。そんなものは今の時代、いつでもネットで調べられる。間違ってもらっては困るが、「知識」は問うな、というのではない。その科目の核心部の要素をなす知識はそれを持っていないと全体像が見えなくなるものなので、絶対に覚えておかなくてはならない。だが、「菊」を英語で書け、のような問題は、無意味な問題の代表格である。幸いにして、大学入試問題を見る限り、世間の見当違いな評価はともかく、無意味に暗記を強要するような問題は、少なくとも英語では減っては来ているようだ。だが、全くないとも言えない。

試験の正しいあり方のために

そこで提案なのだが、大学入試に限らずすべてのそういう試験の模範解答を、出題者に公開させることを義務付けてはどうか。模範解答を見るべき人が見れば、出題者が何を問うつもりであったかがわかる。第一部で説明したとおり、別に公表しなくてもそれだけならわかるのだが、出題者が間違っている場合、それは模範解答を見れば即座にわかるのだ。そう、これまではあえて触れずにきたが、出題者だって神ではない。間違えることはある。中には「正解が二つある」というような誰が見ても間違い、とわかるものもあるが、中には問題としては成り立っていても、きいていること自体が的外れ、というものもある。そういうものも、すべて模範解答さえ公表してくれれば見えてくるのである。

だが、おそらく今模範解答を公表していない試験を行っている団体に公表を要求しても、拒否される確率が高いのではないかと危惧する。表向きの理由はいろいろ出してくるに違いないが、本当の理由は、自分たちの手の内を見せるのがいやなのだ。もっとはっきり言えば、ダメ問題を作っていることが詳《つまび》らかになるのがうれしくないのかもしれない。特に大学はそういう傾向が強いように感じる。なにしろ象牙の塔の人々は、象牙の塔に守られていないとダメらしい。一度地べたに降り立って、我々下々とガチンコ勝負をしてもらいたいと思うのは私だけだろうか。色々非難ばかりされる大学入試センター試験だが、一つだけいい点がある。それは模範解答を公表することだ。公表すれば、日本中の自称・他称その科目の専門家が鵜《う》の目鷹の目で間違いを探す。それに耐えて問題を作り続ける作問者たちの能力は、決して侮《あなど》れないものである。もちろん、学力的に幅のありすぎる生徒たちに同じ問題を与えるというある種無茶な設定を割り引いても、彼らはよくやっていると言うべきであろう。

勉強しない大学生

昨今の大学の試験事情を見ていると、大学は「学問の府」であることをやめようとしているのかとさえ思う。私は仕事柄大学生をアルバイトに使っているので、彼らの生活を垣間見ることが多いが、ごく一部の学生を除いて、大学生の生活にあるものは「Everything but 勉強」である。彼らはほとんどの場合、サークル活動という名の飲み会と、飲食業などのアルバイトに明け暮れている。もちろんそれらも立派な社会勉強ではあるが、そんなことをするために彼らは大学に入ったのだろうか。最近は就職に有利？　だという不思議な理由でＴＯＥＩＣを学生に受験させる大学が多いが、そういう時の学生の様子を見ていても、「いかに勉強せずに見かけの点数だけ上げるか？」を考えている。だから、たとえば英語力一つとってみても、大学入学時の英語力が下手をするとその人の生涯で最も高い英語力であるという、シャレにもならない現実が我々の目の前にあるのだ。私の息子は現に東大に通っているが、東大の教養学部で行われている英語の授業は、英語の授業という名には値しない。息子に聞く限り、東大は「英語を教える」気は全くないようだ。「知っている英語」を知っていることを確かめる機会を与えているだけである。「使えない」場合には点数が悪い、ただそれだけのようだ。学生が英語をよりよく使えるようにする努力は、残念ながらほとんどなされていない。

みんな言い訳が得意

大学に言わせれば「そんなことは高校までやっておけ」ということなのだろう。そしておそらく高校は言う。「テキストの分量を終わらせるためには説明している暇はない。それは中学でやったはずだ」。中学は言う。「中学校では、英語に慣れさせるので精いっぱい。文法は中学では非実用的だからやらないので、高校でやってもらいたい」。簡単に言えば、教育関係者は学生にこう言っているのだ。「できるようになりたければ、まあ自分で頑張れ」。英語くらいなら予備校に任せてくれればなんとかするが、他の勉強は果たしてどうなのか、と心配になる。

ここでも、やはり問題なのは「試験」である。大学の定期試験は緩すぎる。アメリカの大学なみにしろとは言わないが、もう少し学生が苦労するものを与えようとは思わないのだろうか。ウィキペディア丸写しのレポートが問題になっているが、丸写しにすればレポートになるような課題を出すことが問題ではないのか。

大学の定期試験が緩いワケ

なんで試験が緩いのか。簡単なことだ。試験をきつくすると、採点する側の仕事量も増える。それが面倒くさいのだ。これは推測だが、おそらく大学教授は学生を研究の邪魔くらいにしか思っていない可能性が高い。私が在学していたころの東大にも、「学生さえいなければ大学はいいところだ」とうそぶいていた教授がいたから、そういう雰囲気は大学全体に蔓延しているのかもしれない。学部生はただのお客さん、大学院生になったら無給の助手、その程度の認識しか持っていない大学教授はかなりいると思う。もちろん中には指導熱心な教授もいるとは思うが。

それで一つ思い出したことがある。私が大学にいた当時、小田島雄志先生という高名な先生が駒場にいらした。氏はシェイクスピアの全戯曲を翻訳し、シェイクスピア戯曲解釈の新境地を拓いた人である。氏は私のクラスの英作文の担当であったが、三回くらい続けて授業に出たところ、私に向かって真顔で言った。「君、そんなに授業に出ていて、いったいいつ勉強するんだね？」いやおっしゃる通り、やられたと思ったが、それはあくまでもそれぞれの目標がはっきりしている人間同士のことである（この当時、私は若気の至りで演劇をかじっており、それを知っての先生の言葉であった）。小田島先生はある意味破天荒な人で、レポートの提出先が行きつけのパチンコ屋だったりしたので、もちろん一般化はできない。こういう感化力のある教授がいるのも優れた大学の取り柄の一つであり、こういう先生が緩い試験をしてもそれはそれでありだと思うが、そうではない教授が自律的意欲を持たない学生に緩い試験をしてどうするのかと思う。専門科目にはいろいろな事情があるとは思うが、語学や一般教養などはそれなりの難易度の試験を課すことが必要なのではないかと思う。

試験がないと人は燃えない

どの段階であれ、試験は超えるのが難しいハードルを越えさせるための重要な燃料である。おそらく「試験」をしないで有意義な勉強をさせることはかなり難しい。もちろん、個人のモチベーションが高い場合はその限りではないが、そのモチベーションを与える元、たとえばその技術をプロとして使う、というような結果は、試験と同等か、それ以上に厳しいものだと思う。たとえば寿司屋になるのに（調理師免許はともかく）試験はないかもしれないが、「客に支持される」というのは試験よりはるかに結果を出すのが難しいことだ。しかも実際の人生では、一度あることで失敗すると失うものはかなり大きい。子どもに対してそういうことと引き換えに何かを頑張らせるのは、成功すれば得るものも大きいがリスクは相当大きい。スポーツや音楽などの世界はまさにその典型だろう。相撲であれ野球であれ、それに人生の成功を託す勇気はすごいものだと思うが、成功する確率は極めて低いことは歴史が実証している。そこまである意味酷いことを望まないとするならば、「試験」はちょうどいいハードルである。今私が危惧するのは、大人のご都合主義が、この貴重な成長の機会さえ子どもたちから奪い去っていくのではないかということだ。

ただし、試験が「適切なハードル」であるためには、その内容が適切であることがもちろんもっとも重要である。無意味に暗記ばかりを強要するような教育と、それを助長するような試験は、試験の持つ効果を消滅させ、有害なものへと変貌させる。求められているのは、未来をより正しく予想することができるような「体系」の理解であり、その前提となる「抽象化」である。その内容のグランドデザインについては、前作『試験勉強という名の知的冒険』で大筋は語ってきたつもりである。誤解なきように付け加えておけば、私は何も覚えさせるな、というつもりは全くない。どのような分野の知識にも、覚えていることが必須のものはある。英語にもある。でもそれは「なぜ覚えなければならないか」を明示的に示せるものに限るべきだ。たとえば英語で覚えなくてはならないものとは、「一定以上の頻度で登場するもの」で「覚えておく以外に内容の推測不能なもの」ないしは「覚えておけば様々な使い道がある」ものに限る。どの分野にもそういう「知識」はあるはずだ。そういう明確な指標を示しながら学生を導いていく態度こそが、最も教師に求められるものであり、そういう明確なビジョンを持っている教育機関や教師を子どもとともに探すことが、親の使命である。

予備校の得なところ

私は教師として、不遜ながら一定以上の能力を持っていると思う。わが同僚の多くもそうである。だが、我々には一つ、決定的に有利な点があることを告白しておかなくてはならない。それは、我々の教えることが「大学入試」に向けてのものである、という点である。試験というわかりやすいハードルのおかげで、学生のモチベーションは高い。多少の辛いことにも、厳しい言葉にも耐えてくれる。今できないことをできるようになるためには、間違いなく苦労が必要である。楽をしてはできるようになるはずがない。その苦労をあえて学生たちが買うのは、「試験に受かりたい」が故である。

そして我々がその指導者として学生の支持を受けるのは、我々の指導内容が「苦労を前提としてはいるが、成功を導く方向を正しく向いているもの」だからである。我々は決して「合格を保証します」などとは言わない。宗教ではないのだから「信じる者は救われる」とも言わない。だが、我々は闇夜の嵐の中で常に一定の方向を示し続けるグライド・パスである。常に正しい方向を示し続けること。ここからしか教師と学生の間の信頼関係は生まれない。

勉強は唯一の価値ではない

もう一つ、特にこれは学生諸君に向けて言っておく。今まで私は、いかに勉強するか、いかに自分の知的能力を上げるかについて語ってきた。もちろんそれが私の専門であり、それ以外については話すほどの見識を持たないが故である。だが、私は決してそれ以外の価値観を認めない、と言っているわけではない。知性は世の中をよりよく生き抜いていくために有効な「一つの方法」である。だがそれは決して人間の価値を決める指標などではない。いわゆる「勉強」ができなくても優れた人材はたくさんいる。それどころか、何かに「優れている」こと自体、別に生きていくうえで必要なことではない。人はよく「ワンノブゼムにはなりたくない」と言う。だが、ワンノブゼムの何がいけないのか。世の中の人間は、実は全員ワンノブゼムである。大統領にだって代わりはいる。ワンノブゼムであるかそうでないかを気にするのは、結局人間を序列化しようとしているからだ。それは、どの道に進むにせよ、不幸な選択である。

考えてもみたまえ。君はこの世に一人しかいない。後にも先にも二度と同じ君が現れることはない。だから君は、何もしなくても、生まれながらにオンリーワンである。オンリーワンになるために、人は何かをするわけではない。生まれたというだけですでにオンリーワンなのだから。人が何の能力であれ、能力を高めたいと願うのは、自分の時間をよりよく過ごしたいと願うからである。「よく」の意味はそれこそ人によって千差万別である。一銭でも多くの金を稼ぐことに喜びを見出すのもいいだろう。世の中の仕組みを変えたいと願うのもいい。ただただ毎日、心地よく過ごすことを最上の喜びとするのもありである。

だが一方で、人間は一人で生きているわけではない。社会の一員として、全体の進むべき方向を選択することに関与することはぜひとも必要である。それが結果的に個の自己実現の可能性を最大にするからだ。そのために最低限の情報の収集と処理ができないといけない。それが小学校でやる「読み・書き・そろばん」である。さらに、その場の利害だけでなく、より広い視点から世の中の問題を見て、それに関わるためには一定の抽象化能力が必要である。特に民主主義国家では、あなたの一票が政治を変えることがあるのだ。日本が民主主義国家であることを維持するためには、すべての国民には、単なる自己の利益を超えて全体の幸福を見据えるだけの見識が必要である。だから中学校での最低限の抽象化の勉強があるのだ。

高校から先は義務教育ではない

だが、そこから先はオプションである。あなたがそれ以上やりたいというなら勉強するのもよかろうが、そうでなければならないわけではない。これは建前ではない。高校ぐらい出ていないと、と親御は言うかもしれないが、果たしてそうなのだろうか。もしあなたが高校牛の扱う抽象化に興味が持てないというなら、無理してそれを継続する必要はないのだ。やりたくもないのにやらされる、と思うからそのことを否定的に考えるのだ。もちろん、積極的選択である必要はない。中学卒業時に、積極的に「これがやりたい」というものを持っているのは幸福な少数者だけである。他により良い選択肢を思いつかないから、という理由で「進学」を選ぶのは、今の価値観の社会では最も穏当な選択である。ただ、それであっても、選ぶのはあくまでも「あなた」である。そこをはき違えてはいけない。

見えてくる「むき出しの世界」

選べなかった中学生までと異なり、選んでなった高校生には義務が待ち構えている。それは決して無理無体なものではないはずだが、同時に何もしないでも先へ行くことのできる平坦な道でもない。おそらく、他の進路に比べれば苦痛の程度は低いだろうが、でも苦痛はある。でも、選んだ以上、それを受け止めるのはあなたの義務だ。もちろん、一定の期間で一定の水準に自分を引き上げることが求められる。できなければ、留年などの制裁を受ける。そう、少しずつではあるが、あなたはむき出しの「世界」と対峙し始めるのだ。いやだといっても、勘弁してあげることはできない。

あなたがいずれ出ていこうとしている世界は美しく豊かであると同時に、残忍で惨たらしい。それをこれ以上オブラートでくるんで与えることはもはやできないのだ。親御がいずれ弱り、あなたが一人で生きていかなければならなくなるまで、それほど長い年月ではない。だから、どの道を選択するにせよ、その中で自分を最善に育てる道を模索してほしい。どの道に行こうと、様々な分野がある。すべてを一通り見渡した上で、最も興味を持てそうな分野、付き合いやすそうな分野を探し当てよう。文系・理系はあくまでも一つの仕分けにすぎない。

そしてもう一つ。なにも突出して得意である必要もないのだ。稀有な才能に恵まれた人は、たとえ自分が拒否してもどのみちそこを選ぶだろう。だが、そういうことが起こることは稀だ。だからはじめにも言った。ワンノブゼムでもいいのだ。どの分野に行っても自分よりできるのがいる。序列で考える限り、それは無間地獄のように続くであろう。だが、人と比べるのではなく、自分とその対象のかかわり方だけに集中すれば、遠からずオンリーワンの道が見えてくる。中学生・高校生の時に友達と競い合い、切磋琢磨するのは、結局自分一人の道を見つけるためなのだ。そう考えながら進めば、競い合うことも苦痛ではなく喜びになる。自分より優れた者と競うことで、それぞれを高めあうことは喜び以外の何物でもない。これは机上の空論でもなく、絵に描いた餅の理想論でもない。今あなたがこの場から始めることのできる現実の道である。正しい指導者を選び、適切で克服可能な負荷を自分にかけながら歩いていくことは、苦痛は伴うけれどもすがすがしい喜びをもたらすものだ。

いいかね。高校生になったら、誰も勉強を強いる人はいない。やりたくなければ、やめることもできる。だが、何かは選ばなくてはならない。自分で生きる力を養わなければならない。あなたの親はいずれ衰え、いずれ消える。あなたは一人でこの世界に立ち向かい、その存在を証明しなくてはならないのだ。受精卵から誕生までの戦いの中で、あなたに、それにふさわしい力が備わっていることは証明されている。ただ、誰も強制しない代わり、誰もあなたの代わりに苦労をしてはくれないし、誰もあなたを背負って連れて行ってはくれない。覚悟を決めて、歩き出そう。

親として

私も親の一人であるから、親御の気持ちはわかる。誰だって、自分の子どもにはなるべく楽な道を転ばずに歩いてもらいたいものだ。だが、いまさら私に諭されるまでもなく、そんなことはいかなる親御にもできはしない。天下を統一した豊臣秀吉（「ひできち」ではない、悪しからず）でさえ、自らの死後の子どもの運命を救えなかった。彼ほどの権力者をもってしても、死んでしまっては子ども一人守ることはできないのだ。だから、どれほど子どもが自分の分身に見えても、段階を追って突き放していかなくてはならない。

小学生の間は読み・書き・そろばん。特に低学年の間に四則計算くらいはできるようにし、漢字はなるべく訓読みを記憶させる。そのころまでは手取り足取りもよいだろう。だが、中学生になるころから、徐々に手を放していく。宿題をやったかどうかをチェックする、などという愚行はやめ、子どもに任せるのだ。この話をすると親御はいつも言う。それはわかっているんです。でも、と。次に続くのはたいていこういうセリフだ。「うちの子はまだうまく自分でコントロールできないんです。できるようになったら任せるんですけど」。それがいけない。できるようになってから任せようとしたら永久に任せられない。何しろ、任せてもらえなければできるようにはならないのだから。

手に負えない子どもはどうするのか？　確かにねぇ。だが、誰も遠慮して言わないことをはっきり言わせてもらうと、手に負えない子は親がどれほどカバーしても手に負えないはずだから、何もしない方がいい。子どもはある意味、ブーメランと一緒だ。戻ってくるタイミングが来なければ、いくら呼んでも戻ってこない。もちろん、残念ながら、まったく戻ってこないのもいる。それは世の中の冷徹な現実である。だから親御としては、子どもがうっとうしがるよりもほんの少しだけ早く、子どもにかける手を引いていくべきである。そして、子どもが高校を卒業するころには、卒業式がいつだったか知りもしないし関心もない、くらいになっているのがちょうどいい。もし子どもが自分の晴れ姿を親に見せたいなら、子どもの方から来てくれと言うだろう。言われもしないのにいそいそと美容院の予約などするのは本末転倒も甚だしい。

こうして、子どもからは徐々に手を引くが、一つだけ忘れてはいけないことがある。それは、あなたの子どもはあなたにとって、他にかけがえのない存在だと知らせてやることだ。できの良しあしは無関係。親から全幅の信頼を得ているという自信が、子どもを巣立たせる原動力になる。

教師として

教師の仕事とはいったいなんだろう？　子どもを正しい方向に教え導くことか？　まさか。自分の人生さえ正しい方向に導けず、いや正しい方向、というものがなんであるかさえわからぬというのに、そんな僭越なことができる人間はいない。私が教師として生徒に望むことは、いずれ私を超えることである。だから私は出し惜しみはしない。生徒と対等の高さに目線を置き、彼らに挑戦し続ける。挑発と言ってもいい。その時に何より心がけることは、自分と同じ武器を生徒にも持たせようとすることだ。私と同じ武器を持ち、私よりうまくそれを操れれば、彼らはやがて私を倒すことができる。それが私の最大の望みだ。だが、私は決して負けたがっているわけではない。彼らと対等かそれ以上に渡り合えるように、常に新たな武器を開発し、手元にある武器を磨いている。

一つだけ守らなくてはならない義務がある。それは、常に最強の武器を彼らに与え続けることだ。二番目に強い武器を与え続ければ、一見生徒は強くなるが、最強の武器を持つ私には勝つことができない。これはアンフェア以外の何物でもない。フェアであるためには、絶えず自分の持つすべてを生徒に与え続け、それでも常に生徒を越えて見せることだ。もちろん、いつかは負ける時が来る。その時は、彼らが私を忘れていい時だ。生徒が私を超え、私のことを忘れた時、私の仕事は終わる。

幼稚に聞こえるかもしれないが、私は民主主義の信奉者だ。民主主義で大切なことは、民に、反抗するだけの力を与えることである。医師、法曹など、免許制度に守られた特権階級の功罪を私は論ずる立場にはないが、だが、知識と知性を平準化すれば理論上は特権階級は消滅する。血脈も、宗教も、すでにこの時代には正統性、というものを失っている。それは正しい方向である。知性は、特権階級に残る最後の数少ない砦だ。それを打ち破り、すべての人が同じだけの知性と判断力を備えた時、特権階級は消滅し、真の民主化が達成される。そこまで大きく風呂敷を広げなくても、生徒に反抗する武器を与えることが教師の仕事である。やがてその武器に貫かれて倒れることになるとしても、教師としてそれを本望、と思いたい自分が確かにいる。

人として

こうして元に戻ることのない人生を歩んでいて、生きるということはつくづく素晴らしいことだと思う。もちろんうまくいかないことはある。うまくいかないことの方が多いかもしれない。取り返しのつかない失敗も、数々犯してきた。世の中には私よりはるかに博学な人々、私よりはるかに決断力のある人々、私よりはるかに見識のある人々、私よりはるかに友人家族に恵まれた人々、私よりはるかに豊かで鋭い感性を持つ人々、そしてもちろん人として私よりはるかに優れた人々が住んでいる。だが、私は私である。私は私なりに、目の前の現象を正直に見て生きてきたし、これからも生きていくだろう。そう、人間の数だけ人生はある。それにはもちろん優劣などない。

だが一方で、私がこうして曲がりなりにも生きていけるのは、私に色々な教育をほどこしてくれた多くの人の力の故である。もちろん中には反面教師もたくさんいた。素晴らしい人格者だが、授業はお下手、という人もいたし、性格はとうとう最後まで好きになれなかったが、でも多くの刺激を与えてくださった人もいる。もちろん、私に教えを与えてくれたのは年上の人ばかりではない。同級生も、教えた生徒たちも、バイトの学生たちも色々な意味で私に刺激をくれたし、今でもそうである。だからこそ、我々は、若い人々にいかなる教育を施すのがより良いのか、常に真剣に考える義務がある。

どういう言葉で糊塗してみたところで、教育というのは一種の負荷である。子どもに負荷をかけなければ、子どもはより強く生きられるようにならない。その負荷それ自体がその子どもをダメにする可能性はゼロではないが、でもその負荷をかけなければ子どもはいずれ生きていけなくなる。一方、そのようにして負荷をかける以上、その負荷が無意味なものであってはならない。段階ごとに、かける負荷の内容は異なるが、それにはやはり合理的な、合目的的な必然性が必要である。単に子どもを支配するための道具としての負荷は、決してかけるべきではない。一方で、自分たちの負担を軽減したいがために、子どもを人質にしてゆがんだ「正論」を吐くのは、子どもに対する一種の背信行為である。子どもには負荷はかけるべきだ。だが負荷である以上、有意義なものである必要がある。どのような負荷をどのようにかけていくかは、大人たちが全力で考えるべきものだと思う。私の書き連ねてきた言葉が、惰性的で場当たり的な教育論議に対する一石となり、いくらかなりとも本質的な認識をすべての人が共有できる契機となることを心から願っている。

仕事柄、いろいろな種類の英文を読むが、その中にこういう寓話があった。ある老人が汗だくになって庭を掘り返していた。そこを通りかかった貴族が好奇心から声をかける。「爺さん、何をやっているんだね?」

「イチジクを植えてるんでさあ」

「え、イチジクだって？」

「そうですよ」

「爺さんいくつだね」

「わしゃもう90ですよ」

それを聞いた貴族はびっくりした。

「そんな歳なのに、実がなるのに何年もかかる木を植えてるのかい？」

爺さんはにやっと笑っていった。

「旦那さん、子どものころイチジクを召し上がりやしたか？」

「そりゃまあな」

「伺いますがね。そのイチジクの木はだれが植えなさったんで？」

貴族はうろたえる。

「う。わからん」

「おわかりでしょう。今わしがやっているのは、まあご先祖への恩返しでしてな」

教育を考えるとき、我々が常に念頭に置かねばならないのは、この爺さんの言葉なのかもしれない。

少し長いあとがき

本書を脱稿してから、あるＩＴ関係の仕事を持つ人と話をする機会があった。そこでとても興味深い話を聞いたので、紹介しておきたい。

話のきっかけは、「自動翻訳」であった。私が前著で紹介したような Google 翻訳の実態を話し、「自動翻訳なんて夢物語で、当分できないでしょうねぇ」と言ったら、先方は笑いながらこういった。

「いやいや、自動翻訳ならもうすぐできるようになりますよ。ご存知ですか、国際電話の内容を自動翻訳するサービスをＮＴＴが始めるそうですよ、それも今年の秋」

これを聞いて、私はおったまげた。あんなに頓珍漢な訳を提示している Google 翻訳のプログラムの中枢部分（つまり人間の脳にあたるところ）がそんなに急速に進歩して、人間と同じように外国語をパーツに分解し、文法論理に従って解析し、それを異なる言語体系の文法論理に従って変換できるようになったとは俄かには信じられなかったからだ。

ところが、さらにその人の話を聞くと、私の理解は半分正解で半分不正解だということがわかった。コンピューターの翻訳が正確になった（つまり英語の表現を正しい日本語で言い表せるようになったということ）という点では私の理解は正しいが、コンピューターの思考力が上がった、という点では私は完全に誤解していたのだ。言い換えれば、コンピューターは全く賢くなっていないのに、翻訳の精度は上がりつつある、というのである。

当たり前の話だが、コンピューターにはもともと思考力など備わっていない。コンピューターは（もとは計算機だが）いわば無際限の記憶力を持つ呆《うつ》け者である。今やその辺ラップトップでもテラバイトクラスの記憶力を持つのだ。そして自動翻訳は、思考力ではなく記憶力を最大限利用するのだそうである。

そのシステムはほとんどGoogleの検索システムと同じ。すべての可能性を記憶し（記憶はコンピューターの得意とするところ）、その中から正解のヒット率の高いものをより上に表示する、というシステムなのだ。つまり、ある言葉（文字列であれ、音声であれ）が入力された時、翻訳する相手側の言語で、その言葉に対応する訳語を、よく使われる順番に提示する。人間がある候補を受け入れる（たとえばクリックするなど）と、それが使われる順番を上に移動し、受け入れられることが少ないものは、候補の中の順位を下げていく。これを無限回繰り返すことで、Aという言語である言葉が言われたら、記憶された候補の中からBの言語の中でそれに対応する一番上位にある表現を無条件に返すと、ほとんどの場合正しく翻訳されるようになる。簡単に言うと、ホテルに電話して、部屋、予約、という言葉が日本語で含まれている音声が聞こえたらCan I book a room?「部屋の予約をしたいのですが」という英語を先方に投げる、というようなやり方である。相手が英語でI don't understand you（わかりません）と言ったら、別の表現を伝え、相手がわかった時点でそれを次の最有力候補として提示する、というようなやり方だ。

簡単に言うと、我々のイメージする「翻訳」は全くやっていない。異言語間で表現にいわばタグ付けをしていくだけなのだ。だが、驚くなかれこのやり方でかなり正確な翻訳が可能なのだという。最初はでたらめでも、無限回繰り返すうちに、ほとんど正しいものが選べるようになる。プログラム的には統計を取って上位から順に提示するだけの単純なものだが、人間の発話はそんなに種類がないから、いずれすべて覚えてしまう、ということなのだそうだ。

この話は、私にとってとても刺激的であった。昔、コンピューターによる自動翻訳というと、コンピューターに人間の脳と同じ「思考」という動作をさせるものだと考え、それを可能にしようともがいている人々がいた。私も、それができたらすごいだろうと夢想していた。ロジャー・ペンローズに人工知能の可能性を否定されても、時間はかかってもそういう方向に進むのだろうと漠然と想像していた。

だが、事態は全く別の方向に進んだ。コンピューターに「思考」という苦手な作業をさせる方法を開発するのではなく、「記憶」というコンピューター特有の得意技を徹底的にやらせることで、結果としては「思考」と同じ製品を提供しようと思いついた人がいたのだ。得意分野を生かす、ほとんどコロンブスの卵だが、こういう発想の大転換が技術を進歩させるに至ったのだ。最近ではチェスや将棋でもコンピューターの方が強いと言うが、これも単に定石をすべて記憶し、その中からこれまでに勝った確率の最も高いものを選んでいるだけで、人間のように「手を読んで」いるわけではないのだと聞いた。

この話を聞いて、私は二つの意味で、実にすがすがしい気分になった。一つは、これで英語を含む外国語の学習から「実用性」という要求が消えていくかもしれない、と思えたことである。本書でも何度も語ってきたように、日本の高等教育における科目分野の中で、英語だけが「実用性」を求められてきた。だが、自分の言語で話したり書いたりすればそれがたちどころに正しい外国語に翻訳される時代が来れば、外国語教育にそんな目的は必要なくなる。もちろんそのせいで外国語教育が廃れていき、私自身失業する危険もなくはないが、「語学の壁」がなくなるならそれは喜ばしいことであることは間違いない。色々微妙なニュアンスだの心の機微だのは伝わらなくても、現実的な要求や説明が外国語の技能がなくても理解され理解できるようになれば、様々な面で世の中の風通しがよくなることは間違いないし、特にもともとシャイな性格の上に語学コンプレックスの塊になっている日本人には、世界の様々な舞台で活躍するチャンスが与えられやすくなるだろうと考えられるからである。英語教育に携わる側から言えば、そういう些末な「実用性」を問われなくなれば、純粋に知的好奇心を満たす素材として英語を体系的に勉強してもらうことが可能になり、勉強する側にとっても、やらなくてもいいことをあえて選択して勉強するのだから、その動機付けが明確でやる気も大きい者だけが集まるようになるだろうと想定できるので、かえって仕事はしやすくなろうというものだ。

そしてもう一つ、私がすがすがしく思ったのは、やはり「思考」は人間だけのものであるとわかったからである。機械には「翻訳」はできない。それどころか、「無限に覚えさせ、その中から支持の多い候補を示す」という発想を考えついたのは（どこの誰かは知らないけれど）人間である。コンピューター自身が、「おいらは思考が苦手だから記憶を利用してくんねぇかね？」などと提案してきたわけではない。結局目の前の現象を見て、それに対して最も合理的な解を探し当ててきたのは人間である。それもすべての可能性を当たった結果ではない。単に「思いついた」のだ。いかに時代が進歩しても、「思いつく」ことができるのは、少なくとも現段階では我々人間だけである。いずれその人間の「思いつき」が「思いつく機械」を生み出してその特権的な地位を機械に譲る日が来るにしても、今我々に見えている世界の中で何かを「思いつく」ことができるのは人間だけだ。しかも、外国語の翻訳や通訳を始め、知識と記憶をつかさどる部分は今後ますます機械に頼れるようになっていく。であれば、人間が今後高めていくべき精神的能力は「思考力」に特化されていくはずだ。今後は英語であれ数学であれ、「思考力を高める」という目標のために学習されるものになっていく。産業革命によって、人間の体力は機械に凌駕された。ＩＴ革命によって、記憶力という面でも人間が機械に凌駕されたことは明らかである。人間に残された唯一の知的資産は、「思考力」とそれを支える「観察力」「好奇心」である。外国語教育が実用性という頸木から解放されて初めて、外国語教育が持っている本当のポテンシャルが発揮できる。もちろん国民がそれを選択すればだが。そういう意味で、自動翻訳の実用化は、まさに日本の教育論議に一石を投じることになるだろう。

また、こういう話も聞いた。最近の就職事情で何が有利な条件か、とある企業の採用担当者に聞いたら、「浪人」なのだそうだ。入学試験があまりにもずぶずぶになり、現役だとどうやって大学に入ったのか区別がつかない（しかも、プライバシー保護の観点から、こういうことは就職試験では質問できないのだそうである）が、「浪人」ならそういう下駄を履いていないことは明らかだからなのだそうだ。

たしかに、高々二十年そこらの人生で何を「成し遂げたか」といっても事実上の意味を持つ行動をした者はほとんどない。一時サークルの「幹事長」が人気だったらしいが、そのせいかあらぬか、今はどのサークルも幹事長だらけらしい。しかも大学のサークルでやることなんて、ごく一部を除いてそう大したことのはずはない。もっと言えば、その若さで本当に意味のある仕事を成し遂げられるような人間は、企業に就職などするはずはない。だが、浪人して第一志望に入った、ということは、本人がそれなりの意欲と計画性と実行力を持っていることを最も端的に示す指標なのだ。

また別のところでは、有名大学でも、内部進学者は採用しない、という企業も出てきていると聞いた。途中に試験というハードルを全く持たない育ち方をしたものの中には、本当に基礎学力もない者がいる、というのがその理由らしい。もちろん、世の中すべてがそうなわけではなく、じゃあ浪人させよう、と意気込まれても困るのだが、やはりその意味で神様は公平なのだ、と私はしみじみ思う。楽をすれば、楽をしただけの結果しか得られない。もちろん楽をしていい結果を得る者もいなくはない。でも、全体で考えれば、苦労すれば報われる確率が高い。ただし、間違った苦労は徒労であって、正しい方向を向いた苦労でなければ意味はないのだが。

私がこうしてのんびり本を書いている間にも、この世界はダイナミックに動いている。だが、メンタルな面での人間の特権的能力である「思考力」を鍛えておくことで、これからのある意味動乱の未来をより強く生き抜いていく力が生まれる、と私は思う。その意味で、より多くの人々がより明確な意思とビジョンを持って教育に携わり、教育を受け、教育を施すかが、日本、いや世界の未来にとって極めて重要であることはすでに自明である。

そろそろ終わりにしよう。本書を執筆するにあたって力を与えてくれた多くの人にこの場を借りて感謝しておきたい。まずは何よりも息子である富田磨慧。彼の成長を日々見守ってこられたことは私の人生最高の喜びであり、その結果としてこのような本が書けたことは彼の功績と言っても過言ではないほどだ。そして大和書房編集部の小宮久美子氏。氏が前作となる『試験勉強という名の知的冒険』の前半部分を読んで「面白い」という反応をしてくれていなければ、私自身が英語以外の教育全般について本を書き上げることもできなかったし、その原稿を出版するように大和書房内部の人々を説得してくれていなかったら、この本が陽の目を見ることはなかったはずである。そして私のスタッフたち、中でも私に多くの刺激を与えてくれた鎌田真澄、辻本直人、広田幸穂の各氏。大学受験の成功者である彼らとの会話からつかんだヒントも大きい。特に鎌田真澄嬢からは言葉を書くという点で多くの刺激をもらっている。そしてもちろん、私がこれまでに教えてきた代々木ゼミナールの生徒たち。中には衛星放送で授業を聞き、メールでしかコミュニケーションをしなかった者たちもいるが、彼らとのぶつかり合いが今の私を創っている。さらには同僚の講師や職員たち。私が言うのもなんだが、うちの講師たちはみな有能でかつ個性的である。彼らが今後いっそうこの世界で成功していくことが私の今の一番の関心事だ。

私と息子のやり取りを読んでいた読者諸氏の中で「母親はどうしていたのか」という疑問を持つ方も多いとは思う。もちろん、その存在はとても大きかった。おそらく彼女はとてもやりづらかったことだろう。何しろ夫はほとんど家庭を顧みることがないくせに、(実態はともかく) 受験のプロだ。言いたいことがあっても、余計な口を出すなと言われて黙らざるを得なかったことはおそらく数知れない。だが、彼女はそれに本当によく耐えた。そしていついかなる時でも息子の味方であった。彼女の愛情深く献身的な子育てがなかったら、息子は今のようになることはなかった。お母さん、やはり子どもは母親で決まるんだよ。父親なんて、その点ではおまけでしかない。だから、彼女への感謝と賛辞で本書を締めくくる我儘をお許しいただきたい。

2012年6月

著者

富田一彦（とみた・かずひこ）
1959年東京生まれ。東京大学文学部英語学英米文学専修課程終了。1986年より代々木ゼミナール講師。一点のあいまいさも残さぬ精緻な構文分析、論理展開の講義は「富田の英語」として代ゼミにとどまらず全国の受験生から高く支持されており、英語教育界に大きな影響を与えている。愛車はポルシェ、苦手なものは最中。
既著に本書の姉妹篇である『試験勉強という名の知的冒険』、『富田の英文読解100の原則』、『The Word Book とみ単』（以上大和書房）、『富田の入試英文法』（代々木ライブラリー）などがある。

キミは何《なん》のために勉強《べんきょう》するのか
試験勉強という名の知的冒険2

2012年8月5日　第1刷発行
2012年8月20日　第2刷発行

著　者　富田一彦《とみたかずひこ》
発行者　佐藤　靖
発行所　大和《だいわ》書房
東京都文京区関口1-33-4
電話03-3203-4511
装　丁　水戸部功
本文デザイン　高橋明香（おかっぱ製作所）
本文組版　キャップス
本文印刷　信毎書籍印刷
カバー印刷　歩プロセス
製本所　小泉製本

ISBN978-4-479-19052-3

乱丁・落丁本はお取替えします
http://www.daiwashobo.co.jp